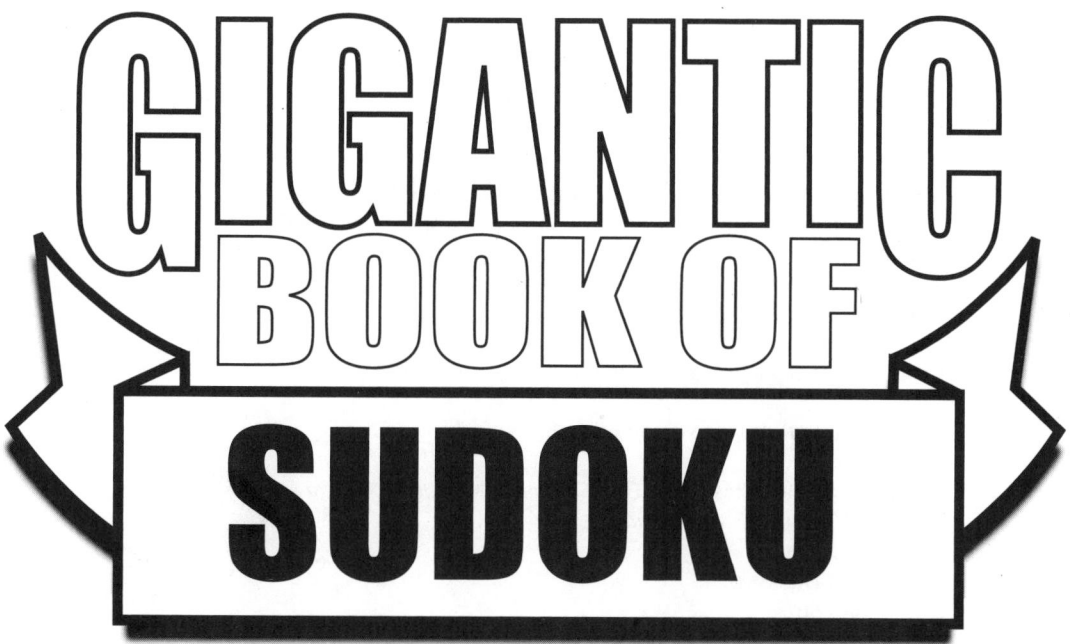

GIGANTIC BOOK OF SUDOKU

Richard Manchester

BRISTOL PARK BOOKS

Visit www.pennydellpuzzles.com for more great puzzles

First Bristol Park Books edition published in 2011

Originally published as *Giant Grab A Pencil ® Book of Sudoku* and
revised as *Gigantic Book of Sudoku*

Bristol Park Books, Inc.
252 W. 38th Street
NYC, NY 10018

Bristol Park Books is a registered trademark of
Bristol Park Books, Inc.

Published by arrangement with Penny Press, Inc.

ISBN: 978-0-88486-505-6

Printed in the United States of America

Contents

Puzzles

SOLVING DIRECTIONS

Standard Sudoku: To solve, place a number into each box so that each row across, each column down, and each small 9-box square within the larger diagram (there are 9 of these) will contain every number from 1 through 9. In other words, no number may appear more than once in any row, column, or smaller 9-box square. Working with the numbers already given as a guide, complete each diagram with the missing numbers that will lead to the correct solution.

EXAMPLE

		7	9					1
	2	3	8			6	7	
		6		2	7			
	7	8		5				
	5		2		6			3
			1			9	5	
			6	3		8		
	8	4				9	2	1
2					1	3		

EXAMPLE SOLUTION

8	4	7	9	6	3	5	2	1
1	2	3	8	4	5	6	7	9
5	9	6	1	2	7	4	8	3
9	7	8	3	5	4	1	6	2
4	5	1	2	9	6	7	3	8
6	3	2	7	1	8	9	5	4
7	1	9	6	3	2	8	4	5
3	8	4	5	7	9	2	1	6
2	6	5	4	8	1	3	9	7

GETTING STARTED

Look at the ninth column of the example puzzle to the left. There are clues in the puzzle that will tell you where, in this column, the number 3 belongs.

The first clue lies in the eighth column of the diagram. There is a 3 in the fifth box. Since numbers can't be repeated in any 3 x 3 grid, we can't put a 3 in the fourth, fifth, or sixth boxes of the ninth column.

We can also eliminate the bottom three boxes of the ninth column because there's a 3 in that 3 x 3 grid as well. Therefore, the 3 must go in the second or third box of the ninth column.

The final clue lies in the second row of the diagram, which already has a 3 in it. Since numbers can't be repeated within a row, there's only one box left for the 3 — the third box of the ninth column.

Continue in this manner, using the same type of logic and elimination, until the puzzle grid is completely filled in.

EASY

1

4	8	1	9	2	5	6	3	7
9	3	7	1	6	8	4	5	2
5	6	2	4	3	7	8	9	1
2	4	9	3	1	6	5	7	8
7	1	8	5	9	2	3	6	4
3	5	6	7	8	4	2	1	9
1	9	4	8	5	3	7	2	6
6	7	3	2	4	9	1	8	5
8	2	5	6	7	1	9	4	3

2

2	1	5		9	7			3
		9	1		2			5
[illegible]		7	5	6	3		1	2
	5			2	9		6	7
		4	7		6	2		
7	2		3		8			
	4		2	8	5	3		
6			9	3	1	5		
5	3	2	6	7	4	1	9	8

rlly?

EASY

3

	7	1	2		P	3	5	
	5			3	4	2		
	P	2	9	3	7	2	8	4
	4		7	2				
		7		4		6		
				8	6		1	
1	8		6	S	2	9		
		5	4	1			6	
	2	4	2			7	3	

4

			4			8		1
5	3					4		
7				5	6		2	9
	6		7	2		5	1	4
	7		9	3	8		1	
2		9	8		4		8	
3	4		8	9				5
		7		3			3	8
6		8	4		2		5	3

8

5

7		5	6		4		1	
4	9		1	7				
		6				7		
		3		4	1		8	9
	2			9			7	
9	4		2	8		6		
		1				8		
				5	9		6	3
	8		3		7	4		5

6

	6		1					
2	1		9			4	7	
7		9			3		1	
8	7	5			6			
3			5	9	1			7
			4			5	6	3
	8		3			7		1
	9	4			8		5	6
					9		8	

7

2			8				9	7
4		6			3	2		
	3		2		7			1
				2	5	9	1	
6		4				8		3
	2	9	4	3				
8			5		4		3	
		3	1			5		9
5	4				9			6

8

1		9					2	6
3			5	6		9		
		4	1		9			8
8	4		6		7			
	6						3	
			8		2		1	7
2			4		5	7		
		7		1	8			2
5	8					1		9

9

9	6	2	3	4	7	5	1	8
7	5	4	8	9	1	3	6	2
1	3	8	6	5	2	4	9	7
5	8	1	2	3	4	9	7	6
2	9	7	5	8	6	1	3	4
3	4	6	1	7	9	8	2	5
6	1	9	4	2	8	7	5	3
8	2	5	7	1	3	6	4	9
4	7	3	9	6	5	2	8	1

Briana ♥

10

2	8	6	4	3	1	5	9	7
5	3	4	7	9	2	8	6	1
7	1	9	5	8	6	3	4	2
3	5	7	1	6	9	4	2	8
1	4	8	2	7	5	6	3	9
6	9	2	8	4	3	1	7	5
8	7	5	3	2	4	9	1	6
9	2	3	6	1	8	7	5	4
4	6	1	9	5	7	2	8	3

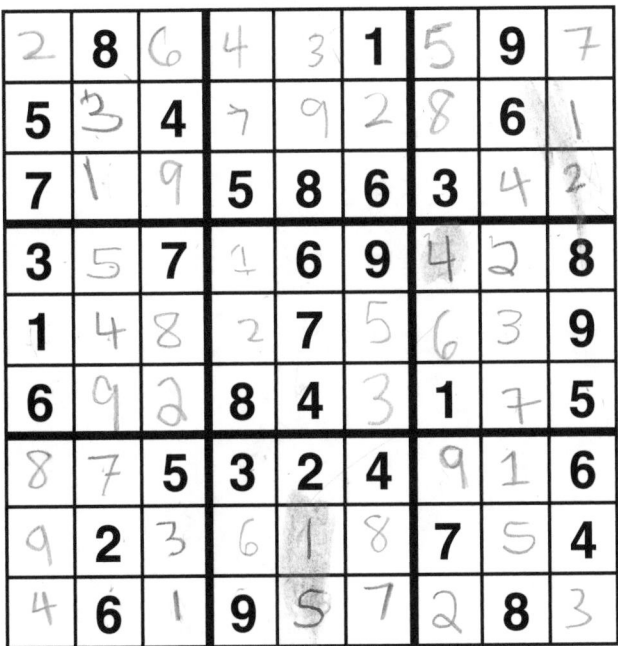

♥ Mama + maya ♥

11

						2	4	7
		3			4	9		
9	4	6			2			3
1					3	5	9	4
	9		8		7		1	
6	3	5	9					2
7			1			6	2	9
		9	4			1		
8	2	1						

12

6	3	4		8				9
					5			
2	8		4		9		7	
1	7	3	6	5				
4				9				1
				7	1	4	6	3
	6		9		7		3	5
			1					
7				3		2	9	8

13

9	1	8	3	4	2	6	7	5
3	5	7	6	9	8	1	4	2
6	4	2	5	1	7	8	3	9
7	6	5	1	3	9	2	8	4
2	9	3	8	5	4	7	1	6
1	8	4	2	7	6	5	9	3
4	7	1	9	2	5	3	6	8
5	3	6	4	8	1	9	2	7
8	2	9	7	6	3	4	5	1

Mama

14

9		5	4		1		6	
				5		1	9	
	6	2			7	4	5	3
7				3	5	2		
5	4	9				6	3	
	2	1	6	8				5
8	1	3	5			7	2	
2	5	4		6				
6	9	7	2		3	5		4

15

		9	2		6		7	1
	2	6					9	
	3			1	9			4
6				8	4		3	
4		3				7		9
	8		7	3				6
2			1	4			5	
	9					1	2	
3	7		5		2	6		

16

					8			7
5			6			9		1
	6		7	4		3		
	4	8		5	2		3	
	1	7		3		5	9	
	5		9	8		2	1	
		5		1	9		4	
6		3			4			2
4			3					

17

5	1	3	4	6	8	2	7	9
8	6	7	5	9	2	3	4	1
9	4	2	7	3	1	8	5	6
6	9	1	3	2	7	5	8	4
7	5	8	6	4	9	1	2	3
3	2	4	1	8	5	9	6	7
1	3	5	2	7	6	4	9	8
2	8	6	9	1	4	7	3	5
4	7	9	8	5	3	6	1	2

18

	6		9			2		
	8		4	6				5
1		9					8	4
	2		8	3			1	
8		4		9		7		3
	9			7	4		6	
6	5					3		8
2				5	1		7	
		7			2		4	

15

19

			3			9		7
		5	7				2	4
4	2				5			
2	7				8		4	
5			1	4	9			8
	4		2				3	9
			8				6	3
8	1				3	4		
9		2			1			

20

		2	7	5	9			6
3		9		4		5	7	
	5						4	
1			8		3	6		
		8				2		
		6	5		2			3
	4						6	
	1	3		8		7		5
6			3	7	1	8		

21

6	2	1	4	3	8	9	5	7
7	5	3	1	2	9	6	4	8
4	8	9	5	6	7	3	2	1
9	1	7	2	5	8	4	6	3
5	6	4	7	9	3	8	1	2
8	3	2	6	4	1	5	6	9
2	9	6	3	7	5	1	8	4
1	7	5	9	8	4	2	3	6
3	4	8	2	1	6	7	9	5

-Brian

22

		2	9	3	6			
		8				1	5	3
		4					2	9
			1		3	4	6	2
	4			2			1	
2	1	6	8		9			
4	8					3		
5	9	1				2		
			7	9	1	8		

23

			5			2		3
	5			8	1		7	
7	1			3		5		4
6	3		1				5	
4			2		9			1
	2				3		4	6
1		8		2			6	7
	7		8	1			9	
5		3			6			

24

1		4			8			3
2		8	5	7				1
		6			1	8		
	4	2		8				
	8		7	5	6		2	
				4		3	5	
		1	3			2		
8				1	2	9		7
9			8			4		5

25

4			8					3
	9				2		1	
		6		3		4	8	7
	6		7		4	1		8
7				9				2
2		1	5		6		4	
6	1	7		5		2		
	4		2				6	
3					9			1

26

		2			6			5
	7			2	1	4	6	
	8	6	4			9		2
				3	5	2		
2	3						7	9
		4	7	6				
9		1			7	5	4	
	6	3	2	5			9	
4			6			3		

EASY

27

	3		4		1	6		
			7	8			5	4
2	5						8	1
	2	3		9				
6			8		3			5
				6		2	1	
9	4						2	6
8	1			7	6			
		2	9		5		7	

28

3					2	9	1	
		9	6				7	5
		4	1	5				8
				7		8	6	
2	7			4			9	3
	6	8		2				
6				9	5	3		
9	3				8	7		
	1	5	3					9

29

9				4	5		8	
8		4	6				1	2
	5		8				6	
				1	4			8
5		7				6		3
2			3	5				
	2				3		7	
4	7				8	1		6
	8		1	2				9

30

7	3		4		5			
	8	1				4		2
					8	3		1
	5			6		8		4
8			7	2	1			6
2		6		8			3	
6		8	1					
9		5				2	6	
			8		6		1	5

EASY

31

	7		2			8		
3	1		6		7			
4		8		5		3		
6	4	9		3			1	
	5		4		6		8	
	3			2		7	6	4
		7		6		1		5
		8		5			4	7
		4			2		3	

32

4			3				2	7
	7		8		6	9		
2					4		1	8
5		2		9			4	
	8		2		3		7	
	1			4		5		2
7	3		4					9
		9	1		2		6	
6	2				7			1

33

5	1	9				2		
3					6	4		1
			2	9			5	8
	4	7	8					6
		3	6			2	8	
2						7	5	4
7	2			3	9			
4		5	1					2
		6				9	1	4

34

	7	6		5		9		
			2	6	8	7		
5						2	4	
1			4		9		8	
7	4						3	9
	8		5		6			1
	1	3						2
		7	1	8	2			
		4		9		1	6	

35

7	8				5	2		
1				3	9	4		7
		9			2		8	
			3	6		5	7	
	7			9			4	
	2	4		8	7			
	9		7			3		
3		5	1	2				6
		7	9				5	1

36

	5		3					1
6			4	1		9		5
	3	9			5		7	
	9		1			6		7
			9	5	6			
2		6			7		5	
	8		6			5	2	
3		1		9	2			8
4					3		9	

37

					3		1	
9			2		1	5		8
	2	7		5	8		9	
8	9			4	5			
7	4						3	2
			7	2			8	5
	5		8	3		1	7	
4		8	6		2			9
	6		5					

38

	9					7	2	
3		2		7		8		4
7	6		5		2		9	
		7	1					2
			7	2	9			
5					3	4		
	4		3		8		1	7
9		1		4		3		6
	3	5				4		

39

6			5				7	4
		7		4			8	
	2	8		7	9		3	
1		4	9			7	2	
			3		8			
	8	2			7	6		3
	7		1	9		3	4	
	4			6		1		
5	9				4			2

40

	7		9		3	1		
4		5						
1		6			2		9	7
	2	7	5	8		3		
	1			2			7	
		9		4	1	6	2	
9	8		2			5		6
						4		2
		2	6		8		1	

41

		2			9	3		
3		8	5		7		1	
1		7					6	5
2	3			1	8			
5	1						8	2
			2	4			3	6
9	6					5		3
	8		9		2	6		1
		3	6			4		

42

			4		9	1		
		4		7				8
5		2	3				6	
2			7		6		9	5
9	4						1	7
3	7		1		2			6
	1				4	5		3
6				2		4		
		8	5		1			

43

	8	3	7				9	
6					5		3	
		4		2	1			
	3	8				6		1
		5	8	6	4	3		
7		6				9	5	
			6	9		2		
	6		4					9
	1				3	4	7	

44

7			6			8		
9				3		2		5
6		3	9		2			7
	7		4				5	
	6		2	9	5		3	
	5				1		2	
1			3		6	5		4
2		6		7				9
		8			9			2

45

8				4		3		5
	6	9			2	1		
1		5	3	6				
	2		1			5		9
	8		4		7		2	
6		1			3		7	
			2	5	7			3
		8	7			4	5	
5		7		1				2

46

2	6				3			1
8		4	9	2		7		
	9		4			6		
			3			4	7	
	4		1	6	5		8	
	3	5			8			
		8			7		9	
		9		1	4	8		2
4			6				3	7

47

7		8	9				5	
			1		3		6	
	1	3	8				4	
6				7			1	4
4			2		6			9
3	7			4				8
	3				2	4	8	
	5		4		1			
	9				5	1		3

48

				7	2		3	
8	7	2				9		1
	4	9	5				2	
1					3	5	6	4
				1				
2	5	4	7					9
	6				7	1	9	
9		8				2	4	7
	2		3	4				

49

5	8	1			7			
			1			7		
9		6		5		3		1
		9	5	4			1	6
2	1						8	9
8	6			9	1	5		
1		7		8		9		3
		2			3			
			6			1	4	2

50

	8		1				9	6
4	1	6			9			7
		9	2					4
8	7	4		3		9		
			7		2			
		2		8		6	7	1
1					3	2		
9			8			1	3	5
6	2				5		4	

51

1	4			5	7			
	5		3	4		7	6	
		3			2	4		
5			2		9			6
	2	8				5	9	
4			5		6			2
		5	4			1		
	1	9		6	5		3	
			9	1			8	5

52

3					8		6	2
7						3		4
	9	2		4	1			5
		7	1	6			4	
		5		3		8		
	6			9	4	5		
4			2	8		6	5	
8		9						7
5	2		9					8

53

	6						5	
2		8	3	5		4		
	1		8			9	7	
9				1		7		8
7			5	4	3			6
1		6		8				5
	2	1			5		8	
		3		6	4	5		9
	4						1	

54

	9	1		4	7			
2					9		5	
6						1	7	9
4				7	6	9		
3				8				6
		2	4	9				3
5	3	7						4
	8		7					5
			6	5		3	1	

55

		7		5	1		4	6
		1		4	6	2		3
			7			1		
	7		2		8		5	
	2			3			1	
	8		6		4		9	
		2			9			
5		8	1	7		4		
9	1		4	6		8		

56

6					1	8		3
5	3			7	2		9	
		7		3			6	
4					3	6		
		3	9		7	1		
		6	1					2
	2			1		3		
	6		4	9			2	8
7		4	3					9

57

7						9	1	
	2	1		6	4		5	
			1	8				6
	3	4	6			5		1
2			4		8			3
8		6			9	4	2	
1				3	6			
	5		8	4		3	7	
	8	3						2

58

		3	6	2	7			
		9	5	7	8		2	
7								1
	9		2		5		3	
	2	5		3		8	4	
	6		9		1		7	
9								2
	5		6	2	7	9		
		8	4	1		5		

59

8			2					7
6	2			1		8		
3		4	9				2	
		7	5		1	3		2
	1			4			7	
2		6	7		8	9		
	3				4	6		9
		9		2			3	1
1					9			5

60

3		6			7			
	5		6		8		4	1
1		7		2				3
8		1	2			4		
	6		4		1		3	
		2			9	1		6
9				7		5		8
6	2		8		5		7	
			9			3		2

61

		8			7			4
5	7						2	
		4	6		1	8		
		1		2			5	3
		2	3	1	4	6		
6	8			9		1		
		9	5		3	2		
	2						8	7
1			4			9		

62

5				2	4	8	3	
4		2			9	7		
1	6				5			
	5		9	8			6	7
		1				3		
7	8			4	2		9	
			6				1	2
		5	2			4		3
	1	7	4	5				9

63

	6				2	7		5
				5	3		1	9
4	5				1	8		
	7				9	6		8
		8	5		4	2		
2		5	7				9	
		9	3				2	7
5	2		4	1				
1		7	2				4	

64

6	8			3		5	4	
1	5		9					
4				5		2		9
9	2		6			4		
	4		3		7		6	
		1			5		8	3
3		6		4				8
					3		2	1
	7	8		6			9	4

65

1			7			8		
6			1	5	4			
	7		2				3	1
	5			4		2		6
	8		3	2	1		7	
4		7		6			1	
7	4				9		5	
			5	1	3			7
		5			2			3

66

1	8			3	2	5		
9	4			5			3	6
			7		9		1	
		8	5					4
		9	2		7	3		
3					4	2		
	5		1		8			
2	6			9			8	7
		3	4	7			2	5

67

		2			5		1	
4	1	9				7	5	
					8		6	
9			3		6	8		5
	8	1		2		6	9	
7		6	4		9			1
	3		6					
	9	7				1	3	6
	4		7			2		

68

9								8
	8	4	7	9		3		
		1	4		8	9	2	
		5		2			1	7
1				4				3
2	3			1		8		
	7	9	3		4	1		
		2		5	6	7	8	
8								9

69

	6		1	2		5		7
1		4			7			
7				5		9		
	9		5		4	2	7	
		6		3		1		
	2	1	7		9		8	
		7		8				5
			6			8		3
8		5		4	1		6	

70

5	6	9	3			7		
		4	2	1	6			
	8					6		3
		8	7	9				6
2				3				5
6				5	8	9		
9		1				3		
			1	4	3	5		
		5			7	1	6	8

71

3	6				7	5		
	7		3	5		9	8	
1		5		6			4	7
			1		5	8		
	2						5	
		1	7		4			
7	9			1		2		4
	1	8		9	6		3	
		2	4				9	8

72

1		6	8	3	2			
	9		5				2	
7						6		5
	4			1	3	8		
8	2						4	3
		5	4	8			6	
4		3						2
	7				4		8	
			3	2	9	4		7

73

	5	1		7	4			
7								1
	8	9	5				6	7
	4			1	3	9		2
8				5				3
1		2	9	8			5	
3	1				9	6	2	
2								5
			3	2		7	1	

74

		9	2			3		5
		1	3	6				9
		5		9	1		4	2
		7			6			8
	2		5		9		6	
4			8			7		
7	5		6	8		1		
8				2	7	5		
9		3			4	2		

75

3	1				9	6		5
		9	1		5	3		
	4	8		3				2
4				6	7			8
		5				9		
6			3	9				1
2				7		8	1	
		6	9		4	7		
9		3	2				4	6

76

7	8	6	4			3		
			1	3		6		2
					9			4
9	6						2	8
	4		7	8	6		9	
3	1						5	6
6			2					
8		9		1	3			
		1			4	8	6	7

77

			3		8		5	6
	1	2			7	4		
8				9		3		2
		8			6	9	1	
	7		4		5		8	
	6	3	8			2		
9		1		8				4
		4	5			8	3	
6	8		9		3			

78

					1		2	7
	6	1	9				4	
			2	3	4			8
5		8	7	1		4		
	9			4			1	
		7		2	9	8		6
9			1	8	3			
	3				7	2	9	
1	7		6					

EASY

79

5			9	6	2			
4	2		1		8		7	
6				2			8	5
	6		7				3	
			2	1	9			
	7				3		1	
2	3			8				7
	1		5		2		9	3
		5	9	3				8

80

4					5	8	7	
	5		8	4			9	
		1	9			6	4	
2		6	7	8				
		3		6		4		
			3	1	7			6
	9	7			3	2		
	4			9	2		6	
	2	5	4					9

81

		2		7	4			
		4			2	9	5	8
9	3				6			2
	8		3			5		1
	4		5		1		7	
5		9			7		6	
4			7				8	6
1	6	8	4			2		
			6	1		4		

82

	4			6		7	2	9
		6			2			
7		2	4		3			5
1		5	7	2		8		
	8						7	
		3		1	8	5		2
5			6		7	3		8
			2			4		
4	6	9		8			5	

83

3		6	5			7		8
	2				4		3	
	9		3	2				
1	3			7	8			4
4		5				6		7
6			1	4			8	2
				8	2		7	
	1		9				4	
8		4			3	2		6

84

7		2						4
					7	3	6	
4		9	8		2		1	
6	1		4	5				
3		4				6		9
				3	8		7	1
	4		7		3	1		5
	9	8	1					
1						2		8

85

4					1			2
8		1		7	6			
	6			9		7	8	
1	8	2			9	5		
	5			1			7	
		9	6			1	2	8
	1	7		4			6	
			5	2		8		7
3			1					4

86

		6	4	2		9		
			8				3	2
2	3				1		4	
4			2			3	9	
	8		6	3	5		7	
	2	7			8			1
	7		1				5	9
9	5				4			
		1		5	9	7		

87

		5	7			4	1	
		3	8		4			7
4				3	1	6		8
	4			5				
1		9		7		3		4
				8			7	
9		4	2	6				1
5			3		7	8		
	2	7			8	5		

88

3					9	7		4
5			3					6
	6	1			4	5		
	2			9		1	7	3
			5	7	3			
7	3	6		4			5	
		9	1			4	8	
8					5			7
2		3	4					1

89

	7		4	2				1
1					8	9		
		4	3		5	2		6
	3	8	7	9				4
		1				7		
9				3	6	8	5	
7		9	2		3	6		
		2	8					7
4				5	7		2	

90

6	7				9			
		4			2			7
	3	9		6			1	
7		3			8		9	
	4		9	2	7		8	
	8		3			2		5
	6			9		1	5	
5			8			6		
			5				3	2

91

	4	2	7	6		1		
7		1					2	4
					4		7	3
		7	2	4			9	5
6	5			3	8	2		
1	6		4					
2	3					8		1
		9		1	3	5	6	

92

		7		2	8	6	4	
3	6		5					
4				7		1		8
8		4			3			1
	7		1		9		6	
6			4			3		7
9		5		1				2
					4		1	5
	4	2	8	3		9		

93

	4			3			5	8
5	7		4			3		
6		1	2		5		9	
1				2			4	
		7	5		4	8		
	6			9				7
	5		9			1	6	3
		4				6	7	9
3	9			7			1	

94

								8
7	3		8	2				6
2					9	1	5	3
	5		9	4		8		
	6	4		3		5	1	
		7		6	8		2	
5	8	6	1					2
1				8	2		4	5
4								

95

6		9		3	7		4	
2	4			9	6			3
		3	2					
	8						7	6
	9		4	6	8		2	
4	1						9	
					3	6		
5			6	8			1	9
	6		9	2		8		7

96

	8		3	9		7		1
	7	6					2	
		3	2		4			
				3	1	6	5	9
		1		8		4		
3	6	4	9	2				
			5		2	3		
	3					1	6	
1		8		6	3		9	

97

		9		8			2	
	8		9		6		3	4
7	5		1					
		3			4		7	
		5	7	1	3	8		
	7		8			1		
					7		1	2
2	9		5		8		6	
	3			9		4		

98

	6	8					3	
	1		6	4				8
	5	9	2					7
1		7	3				4	5
6			9		1			2
5	9				4	3		6
3					2	8	7	
9				1	7		5	
	7					6	2	

99

	2	4				3		
8			7	5				9
9		6	1			5		
6		3		4	5		7	
2				1				4
	1		2	7		8		3
		9			3	7		6
7				6	1			8
		8				1	2	

100

4		9						
		2		6	5		9	3
3		5			7	8		
1	8			2		6	3	
	2			4			8	
	9	6		8			4	7
		7	3			4		9
9	3			6	5		1	
							3	8

101

2					9		7	3
8		3	6					9
	1			8	5			
	7	9	5				2	
1			9	7	4			8
	6				2	9	4	
			2	4			8	
7					6	4		5
6	8		7					2

102

					4			1
8		6			2		7	
4	9				5		6	
1	5	8		6		9		
		4	3	5	1	6		
		3		9		1	5	7
	6		7				8	9
	8		1			5		4
3			5					

103

5	7	6	1			4		
	1			5				
		8			6		5	2
		9	7					3
		3	6	2	5	9		
6					1	8		
9	8		3			5		
				8			2	
		5			9	7	8	6

104

		1	5			4	2	
	4	8			1		9	3
7				9	4	1		
2				4	5		3	
9								1
	1		9	7				4
		7	4	8				2
4	8		3			5	7	
	6	9			7	3		

105

		8	5			7	9	
	9	2	3				5	
1				9		2		3
5		1	4				8	
8			6		9			7
	4				7	3		5
3		4		8				2
	5				4	8	6	
	8	9			5	1		

106

1	7							
6				2	7		1	8
3		9	1				7	
	4		6		2		8	1
		1		3		4		
2	8		5		4		9	
	9				5	1		7
5	3		8	9				2
							5	9

107

5			3		4	7	2	
8	3		7				1	5
	2		9					
			4	7		6	9	
9				5				4
	8	1		9	3			
					2		8	
6	9				7		4	2
	1	8	5		9			6

108

	5	6			3		4	1
7			2	4			3	
				5		2		7
	2		5			1	6	
6			8		2			9
	9	1			4		8	
5		3		2				
	8			9	5			6
9	7		1			4	5	

109

7							3	
5		8	2			7		4
			1		6	9		
	3			8	2	4		9
		7		6		3		
4		1	5	3			8	
		4	9		5			
1		2			7	8		6
	7							1

110

2	9						6	1
	4		2				7	9
		6		4	8			
6		1	8				5	4
			7	3	5			
7	5				4	9		3
			3	2		6		
4	2				7		1	
3	6						9	7

111

4		8		2			5	
	3		7		8			1
	1	9	6	5				8
5	7							
8			9	7	5			4
							3	7
3				1	6	9	4	
1			8		2		7	
	9			3		8		5

112

	5							
8			9			2	5	6
		3		6	7	4	9	
2		8		5				7
			6	1	3			
6				7		5		3
	8	1	3	9		6		
5	6	2			8			9
							7	

113

9		6					5	3
					3	8	4	2
			2		5			
	1		5		8	3		9
		7				4		
4		3	7		2		1	
			3		4			
7	3	1	6					
5	6					9		1

114

	4	6	5		7			8
		2		1			6	9
1		3				2		
	9			8		2	7	1
				5				
4	3	1		6			8	
	1					7		6
5	7			3		1		
2			4		1	8	5	

115

	2	6	7	1				
	9	7			3	1		6
					4			2
	8				5	7		
1			9	3	8			4
		2	4				9	
8			5					
2		9	1			4	5	
				4	2	8	6	

116

9	1				7	3		
2				4	3	9		
4		7	6			2		
	8		3	1		7		
	4			6			8	
		1		8	2		3	
		9			1	5		7
		6	8	7				3
		4	2				9	1

117

	4				1	6	2	
2			6			8	7	
		8	7	5				
5	9	1		7		4		
			4		5			
		3		2		5	9	6
				6	7	1		
	3	5			9			8
	8	6	5				4	

118

3		1	9				2	
		2	3	1		9	6	
4	5		2					7
	3			8	1			
2	9						5	8
			5	2		7		
5					2		3	9
	2	8		7	3	5		
	4				5	2		1

119

		2	5		3		4	1
9			7	1			2	
	6				2			
5		8		2	4	1		
7				5				2
		6	9	7		5		3
			2				1	
	9			6	7			5
1	5		4		9	2		

120

	4	5	1				3	2
	7		2			5		
3		9	4					
	6		5	4			8	3
1				6				9
4	8			2	7		5	
					4	7		1
		4			2		9	
2	1				9	3	6	

121

2	1	7		3		5		
	9				5		6	7
	8		9		7	4		
		3		5				
9	7			1			5	4
				6		1		
		1	5		2		9	
6	3		8				4	
		9		4		8	2	1

122

	8	6				7		9
	4		6		3	8		
	9		8	5				
		5		4	2	6		7
9				7				5
6		7	3	8		2		
				3	8		7	
		3	7		1		4	
4		8				1	6	

123

9	8	6		4				
		1	3			2	4	9
					5		1	
				5	6	3	7	1
3		9				4		2
1	6	7	2	3				
	2		6					
7	1	5			3	9		
				2		1	3	4

124

		8	1			3	6	4
6			9					5
5		1	2	4				
				6	4		1	
4		7		5		6		9
	5		7	1				
				3	8	4		1
1					7			3
8	9	3			1	7		

125

3	8							
		1	2	7	8		4	
	9			4	6		1	5
		8			4		2	1
			6		3			
7	2		9			6		
8	4		1	6			3	
	3		4	9	2	1		
							6	9

126

8	6				4		7	9
			9					4
	1	4			5	8		
7		6	8	1				5
	2			5			8	
1				3	7	9		6
		2	6			7	9	
6					8			
4	7		5				6	1

127

2	3				7	6		
	5		2				8	9
	8			6	3		7	
				9		7		4
		8	3	7	2	5		
3		7		5				
	4		6	2			9	
8	6				9		5	
		1	8				4	6

128

	3	4		6	1			
9			4	2			1	
7	2				3			9
4	1	8			5	9		
				9				
		6	1			7	5	3
1			2				3	4
	8			4	6			7
			3	1		5	8	

129

1	3		2				8	
2	5		1			7		3
		6	9	5				
8	4		6				9	
6				8				2
	1				7		4	6
				3	5	6		
4		5			1		3	7
	6				9		5	8

130

	5		2			7	4	
6		1	8					9
		9			6			
	1		4				7	8
		4	1	3	5	9		
5	9				2		3	
			9			6		
2					3	4		7
	3	7			8		5	

131

	9		1	3		8	4	
	8	7	9					2
	1				2			7
		2	3		9		1	
8								5
	3		4		5	2		
5			7				9	
4					3	5	6	
	6	3		1	4		2	

132

				3	6	8	9	4
3								7
6	9		4			5		
					2	3	8	6
	6		7	1	3		4	
5	3	9	8					
		3			7		5	8
4								2
7	2	8	5	4				

133

	3			8	5		9	
	4	6	1					2
2	5				4	7		
		3		1	7	2		9
	9						3	
6		2	3	4		5		
		1	4				2	6
5					6	1	4	
	6		9	2			7	

134

		6		8	5			7
		1						6
		2	6			3	8	4
			5		9		4	1
4		9		2		7		5
1	3		4		7			
6	2	7			4	5		
8						4		
9			8	1		2		

135

			9	8				2
2		8		5		7	4	
5			7		2		1	
	3				9		2	
		1	3	6	5	9		
	7		8				3	
	8		6		7			1
	5	7		4		3		6
4				1	3			

136

	7	9		8			2	
8		6			3	7		4
			6		7	5	3	
2		8		5	4			9
9			7	2		8		6
	1	4	8		2			
7		3	1			2		5
	8			7		4	1	

137

2	4		6					
				9	7		5	4
					8	1		7
	1				9	2		5
7			5	4	2			3
9		5	1				6	
5		1	9					
4	7		3	1				
					4		3	1

138

		1	7	2			4	
9					6	5		
		6	1				3	7
4		8		9			5	
7			5		2			6
	5			8		7		4
8	2				3	1		
		7	2					9
	6			1	8	4		

139

6	7		4					5
8			1	6		7		
					9	8	3	
	3		5			1		4
		8		4		5		
1		5			6		8	
	2	1	9					
		6		7	4			1
5					2		9	3

140

	8			6		7		3
	5	2	9		3			
4					2		9	5
		6	2	9				8
	9						1	
5				8	7	2		
8	6		4					2
			7		6	8	3	
3		7		5			4	

141

9			7	6			5	
4	5	6	1					
			9			2	6	3
1	2			8		6		
		3	4		9	8		
		8		1			9	2
3	9	4			1			
					3	1	2	4
	8			5	4			9

142

					1	8	2	4
2	1	3			7			
	8			6	9			3
		7		9			5	
6			8		5			7
	5			4		3		
7			9	2			3	
			3			4	1	9
3	9	4	1					

143

		7	4	8			5	
4			9		7			3
6	8					7	9	
3		5			8	4		
	9			4			7	
		8	1			2		5
	1	9					3	7
2			7		6			1
	7			9	1	5		

144

		3		1		7		2
	5		7		4		3	
	9	4			6	1		
5				3			1	9
1			6		5			7
4	2			9				5
		6	4			5	8	
	4		9		8		7	
8		5		6		2		

145

	3		4	7				5
		9			8			4
	8		6			1	2	
	6			2	3	4		
3		5				2		8
		7	8	5			6	
	2	3			6		9	
8			5			3		
4				8	1		7	

146

	7				3	5		4
	2			5	6		9	
8		9			7	2		
4				6		3	1	
2			1		4			5
	6	3		8				7
		8	3			6		2
	3		6	4			7	
5		6	2				4	

147

	5	6		8				7
		2			3		5	4
	4		5	2				1
	3	9			7	2		
4			1		2			3
		1	9			6	4	
7				9	5		8	
6	9		8			1		
8				1		5	7	

148

6	8		2					4
		9		4		7	2	
3			5		1		8	
7		1			6		5	
		3		2		4		
	6		4			3		1
	3		8		4			2
	1	8		6		9		
2					3		4	6

149

		5	3	1				8
7		3					2	9
		8	9		5			
	3			6	1			2
	8	1				4	5	
4			2	5			3	
			5		2	1		
8	9					2		5
1				8	4	9		

150

3				4		8		2
5		8			9			
		7	6		3		5	
4			7	6			2	
	8	5				3	4	
	2			5	4			8
	3		8		7	5		
			1			7		4
1		6		3				9

151

9		7		5			8	
5				4	3		7	
		4	7			1		5
	7		5				1	9
		1	3		6	8		
6	9				8		3	
1		5			9	7		
	4		2	1				8
	8			3		9		1

152

6			3				1	
	3		8	1		7		
2					9			5
		7		9	3		2	
1	5						3	6
	9		1	4		8		
4			6					8
		9		8	1		7	
	8				5			2

153

	1	3		9				7
	7			6	3			5
	9				2	8		3
4			8			7	5	
		6	3		7	2		
	8	7			6			4
3		5	1				9	
7			2	3			4	
9				8		3	7	

154

		2		3	7			4
		6		1		8	3	
	3	9			2		5	
4	7				9			8
5			3		4			9
9			8				4	5
	1		5			2	8	
	9	7			4	5		
2			7	6		4		

155

	4		1		9			7
6		5				4	3	
		2		4	6		8	
3		8	4				9	
1				3				2
	9				1	3		4
	3		6	7		9		
	8	6				7		5
7			5		8		4	

156

			7	2			5	6
9	6	5			3			
	2		6			9		3
	9				1	8		7
		7		5		1		
8		3	2				4	
1		9			7		2	
			5			3	8	1
4	3			6	2			

157

		2			1	9	5	
	9	1		2				8
	5		8	9				2
6					2		7	5
		8	6		5	3		
1	7		3					6
5				6	7		8	
4				5		6	2	
	3	6	4			5		

158

		4	6	9		2		
	8				5		3	1
7	9		2			4		
1	5		8					6
		7		2		1		
2					9		4	5
		6			1		7	2
5	2		7				9	
		3		5	2	6		

159

			1		9	2	3	
2	4			7		5		
9	3				6	7		
8			5	6				2
	2	5				8	7	
4				2	1			3
		2	7				9	4
		4		3			8	7
	7	9	6		4			

160

		6	9		3		7	
1				7			6	2
7		3	2				8	
2		5			7		4	
		4		9		7		
	7		6			1		8
	6				9	2		4
4	5			3				7
	3		8		4	5		

161

			9		6	1		8
6		3	1				2	
7	1			2		3		
	5				2	4	3	
3				4				1
	6	7	3				5	
		6		7			1	2
	3				9	6		7
2		1	5		4			

162

3			1			6		8
	1	8		6			5	
		9			4	1		
9	2		5				4	
1			3		9			5
	4				1		7	9
		2	6			4		
	3			9		5	2	
4		6			8			7

163

7	4		5		3			
	9		7			6		3
5				8		7		1
		9	4	7			2	
	6	7				5	9	
	1			2	6	3		
9		4		6				5
6		1			4		3	
			8		1		6	7

164

	2	1	4					5
			2		3	4		7
	7	9		8				2
	4		7	5		9		
9	1						4	6
		8		4	9		5	
1				2		6	8	
6		4	3		8			
5					1	3	7	

165

5						8	1	9
1	6		7		9			
		3	5	1			7	
8		9			7	2		
	3			6			5	
		5	2			4		8
	5			4	6	9		
			8		2		6	4
4	2	6						1

166

9					6		8	1
	5			8	7	2		
3		2	4			9		
			8			4	9	2
	3			7			6	
2	6	8			9			
		5			1	7		3
		6	3	5			1	
1	9		7					5

167

	8			5		1	9	
1		9	6					3
	7		4		9			8
7		1				3	4	
			3	7	6			
	3	5				7		9
3			1		8		5	
5					7	8		4
	9	7		3			2	

168

		7			3	9		6
8			2				7	4
5	9		7		8			
		2		5		8	9	
	7			1			4	
	1	5		8		3		
			1		4		5	3
2	6				5			9
4		1	6			7		

169

	7	6	2				9	
		5	3	1			6	
		3	9				7	2
4					6	5		7
6				2				1
3		9	5					6
2	9				8	6		
	6			3	9	7		
	3				2	8	5	

170

	4	8	1					
				7	9	1		
			4	9		2		6
4	8			3				1
	7		5		6		9	
2				1			6	3
8		4		7	5			
	9	1	3					
				1	5	3		

171

1	2		6					5
		4		8	2		3	
	8		1			4	6	
7		5		9				6
		9	3		6	8		
3				1		5		9
	7	2			1		9	
	9		8	6		2		
8					9		5	7

172

	2	1	5			3		
	3			1	6			5
	6			2		8	7	
1		2			5			4
6			3		7			2
4			2			7		8
	1	6		7			2	
2			1	3			9	
		9			2	1	8	

173

5			4				8	
	2	1			8			
				6		3	5	2
7		3	5			2		
1			9		7			5
		9			3	4		6
2	8	5		9				
			7			5	6	
	1				5			4

174

	6	4	1			5		
8				6	4		2	
5					3	6		1
9	7	2	3					
	4			7			8	
					5	9	7	4
3		8	2					6
	5		4	3				7
		7			6	3	9	

175

9		2		4			7	
6					9	1		2
	5		6		3	8		
4					7	9	2	
	9			1			6	
	6	3	5					4
		4	1		6		9	
1		9	4					6
	2			7		4		1

176

				7	1	4		5
	8	2		4				3
1					2		7	
	1				8	2		4
		5	6		9	3		
9		8	7				6	
	7		1					2
5				8		7	4	
8		6	4	5				

177

		8			5		2	6
1	9	6	8					
			6	7			9	1
		4	2				5	7
		7		5		2		
2	8					1	6	
6	4			3	7			
					9	7	1	3
7	3		1			4		

178

6					1	3		5
		5	3	4			1	
4			2			6		
	3			1		2	8	
1			7		9			3
	6	8		2			5	
		9			2			4
	8			7	4	5		
2		6	5					9

179

	1				9	4	7	
6		4		1	7			
	9		3			5		1
		8	5	7				4
5	4						6	3
2				6	4	7		
3		6			5		2	
			7	3		6		5
	7	5	6				3	

180

			4		3		9	7
		4			5		2	1
6	1	3		2				
4		6		9	7			
	7	8				5	4	
			1	5		7		6
				4		2	1	5
5	8		2			9		
2	4		5		1			

181

	5		7			8		9
8		6			4	2		
	4		5	8				1
4					1	7	2	
	8			3			9	
	7	5	6					3
5				2	6		3	
		7	3			4		2
3		4			5		1	

182

		6	7		2			
7					5		6	4
	9	8		6			7	
5		2		7			1	
		3	4		1	7		
	1			3		4		8
	3			1		2	8	
1	7		3					6
			6		7	1		

183

		1		2		5	7	
4				5	1	2		
8	2				3		6	
	6		4			9		7
2			1		5			8
3		7			9		1	
	1		2				4	5
		4	3	8				1
	8	2		1		3		

184

2		6		5				
	4		1				9	8
8			9		2	6		
	5	4		9				
		3	8		6	1		
			3			9	6	
		1	5		9			6
4	8				3		7	
				1		8		9

185

			4	9			3	
3	4		2			7		
6		9			1	8		
	7		6				4	1
		6		4		3		
8	1				9		7	
		7	8			2		9
		5			3		8	7
	9			6	4			

186

1					2		7	
2					3	8	5	
	9			6	5			1
6	4	7				5		
			3	8	6			
		1				6	9	2
3			5	7			2	
	7	9	6					4
	8		1					5

187

	7	1	8					3
5				7	3	6		
	3			2		5		1
	8		4		7	2		
2	5						1	6
		7	5		2		8	
8		3		5			9	
		5	6	9				2
9					4	8	6	

188

3			6	5		8		
		6		4		9		5
	8	5	9				6	
1			5		4			3
	5						7	
7			1		9			6
	4				1	3	5	
9		8		6		4		
		1		2	8			7

189

9				4	1	2		
3		8	5				4	
4					7	8	5	
	3					4	6	8
			1	7	6			
5	6	9					2	
	1	3	6					9
	9				3	5		2
		5	2	1				4

190

4				9	1	8		
8	7		4				2	
5					8	4		
	3			1	2	5		
2	9						7	3
		1	9	5			4	
		7	1					4
	4				7		9	8
		8	6	3				5

191

3		1					9	
	6	2			9		7	
			8	3		1		2
6					2	3		1
	2		1		3		8	
4		3	7					5
2		8		6	5			
	9		4			2	3	
	3					8		4

192

		6	3	1				8
	1		5		4		3	
7		4					6	1
1		9	6			7		
	4			8			5	
		7			1	6		9
2	9					3		4
	6		9		3		1	
3				4	2	8		

193

9	5				4	1		
3			5				9	8
		6	9	1		5		
2				8	6		5	
	8	3				9	7	
	6		1	9				2
		5		2	8	7		
7	9				1			3
		1	3				4	5

194

9		7	3		2			
		1				2	7	3
	6			1	7			4
	7		4			9		8
	1			8			3	
8		5			9		4	
1			9	6			2	
6	2	8				3		
			5		3	8		1

195

		3		7	1			9
	9		4			1	7	
7		1			8		5	
	3		9	5				7
9		7				4		5
1				6	7		2	
	7		1			5		8
	5	2			6		9	
3			7	8		6		

196

	2	9					5	
	1			7		6		3
7			8	5		2		
1					5	9		8
	9		6		1		4	
3		5	7					2
		2		9	7			4
4		8		1			3	
	7					5	2	

197

	5	6		7			4	
4			3		6	8		
3					1	6		5
	2		5			1	9	
1				3				2
	3	5			2		6	
8		1	7					4
		2	1		5			6
	6			9		7	1	

198

	7	4		3		9		
		1	6	9				8
					7		4	3
1	9				8			6
	4		1		6		2	
7			3				5	4
5	8		7					
9				5	2	3		
		7		8		6	1	

EASY

199

6	9			2	5			
	4					5	8	6
5			8		6	9		
	6	3		5	8			
1		2				8		5
			2	6		1	4	
		5	6		3			4
3	2	4					9	
			4	7			5	8

200

7			2			1		4
	1	2			7	9		
	8			5	1			7
6		8	3				7	
	7			9			4	
	9				4	6		2
8			9	6			2	
		6	4			3	9	
9		7			8			6

106

MEDIUM

201

8		6	2					9
		4			8	2	6	
5			6	4		7		
3	7		4				2	
	8			9			7	
	6				2		5	3
		2		6	1			8
	5	7	9			3		
1					3	6		7

202

	1	5	7					3
6					3		7	1
		2	8		4	6		
	5			4		3		2
	6			7			5	
1		4		5			6	
		7	1		9	5		
5	9		2					4
8					5	7	3	

107

MEDIUM

203

3			4	8				
		1	9			3		7
2		6	7				9	
9	1	2					5	
			6	1	9			
	3					9	1	8
	5				2	6		4
1		3			4	8		
				3	7			5

204

4			3	8			6	
2						3	8	5
	3	9	5		2			
		2	9			5	3	
3				7				8
	4	7			5	2		
			4		9	6	7	
6	9	3						4
	1			5	3			9

205

		7		3		9		1
	9		7		2			8
4	3		9			6		
3	6		2				8	
		8		9		3		
	5				3		1	2
		5			9		6	3
6			3		1		5	
7		3		8		2		

206

		5			3	6		8
1			7				5	9
7	8		4		6			
		1		3		2	8	
	9			4			3	
	2	3		1		5		
			8		1		4	3
3	6				4			5
8		4	3			9		

207

	5				3	4	9	
9			4		5		1	
7		4		1			5	
3		8		9		6		
1			3		4			2
		9		5		8		1
	9			6		1		4
	1		2		9			3
	4	2	1				6	

208

		1	6	8				9
	3		9		4			8
	4	8				1		6
	9			6	2	8		
8	1						7	5
		3	5	7			9	
6		7				4	8	
3			2		6		1	
1				4	7	5		

209

4					5	7		3
		8	4	6		2		
	2	6			1		8	
6	4				8			1
	8			1			5	
1			9				2	6
	3		1			5	9	
		5		7	9	6		
7		9	8					2

210

6	8				2	7		
		3			7		4	6
	5		1	9			8	
7					9	6		
1				3				9
		4	7					2
	1			6	4		3	
3	4		2			5		
		6	5				2	4

MEDIUM

211

	3			4				8
		4	3		2		6	
1					7		9	3
		7			6	9		4
	8			7			1	
2		1	8			7		
5	1		4					7
	7		1		3	5		
4				2			3	

212

5	7		9			4		
8		6			4	2		
			1	8			6	7
	5	8	3					2
	2			5			4	
3					2	8	1	
9	3			1	7			
		5	6			1		8
		1			5		3	9

213

			2		4		6	
	1	3				4		9
			1	6				7
		7		8		2	9	
9			3		5			4
	8	4		2		6		
8				9	3			
2		9				1	3	
	6		7		2			

214

	9	7		2				8
	1		3		5		4	
		5		1		6		3
	7		2		8			1
6		8				4		9
1			7		4		8	
9		1		5		7		
	3		6		9		1	
5				7		2	9	

215

	5	2		9			7	
7					2			8
	4				5	9	3	
		4		8	7			3
		5				4		
9			5	1		7		
	6	9	8				2	
2			7					4
	8			2		1	9	

216

	6		8		5	3		
7				3			6	8
3		2			4	9		
	1		5	8				9
	9	8				1	5	
4				9	2		3	
		9	3			5		1
1	3			5				7
		7	4		9		8	

217

2	1			5				9
7					2	5	6	
		5	1	9		2		
	2		5		9			8
	7	8				6	5	
6			7		3		1	
		2		7	5	8		
	3	6	4					7
4				1			2	5

218

			3	9		6		8
9	4				5		3	
		3	2					5
		9	6	4			5	
	6	4				9	2	
	7			3	1	4		
7					3	5		
	2		7				1	3
1		5		8	6			

219

	3			9	5			6
8	2		1					4
		4			8	5		
9			7			4	3	
		8		3		6		
	6	3			9			7
		9	6			1		
3					4		6	2
7			8	1			5	

220

	8		9		7			1
3				4		9	8	
	7	9	6			2		
1		7			6			8
	3			7			4	
9			8			1		2
		1			4	6	3	
	4	3		9				5
8			3		2		1	

221

	8		7				9	6
2			8		3	1		
		1		6				3
				8		2	7	
6			3		1			5
	1	9		5				
9				2		5		
		3	9		8			2
4	2				6		1	

222

2				3			6	
				2	9	1	4	
6	4	3	1					
		8	4			7		9
	1		8		5		3	
9		4			3	5		
					7	2	8	1
	7	5	2	8				
	2			4				5

MEDIUM

223

		2	6		7		3	
5					1	6		2
1	3			4			5	
		7			4	3		5
	8			3			2	
2		3	8			1		
	2			6			1	9
7		5	4					8
	6		1			8	5	

224

5	2				3	7		
			5	7		1	4	
	9	1	8				2	
1		9	3					
3				2				7
					5	8		3
	1				4	2	3	
	3	8		6	9			
		7	2				6	1

225

9		4				5		1
		5	9	6	3			
3				5			6	9
	9				7	4	8	
	4		2		9		7	
	8	7	6				1	
4	7			3				6
			5	9	4	8		
8		2				3		4

226

		2	3	6			4	
3				1		6	8	
	6	9	2				3	
6			1		5			7
9		7				3		8
5			8		9			6
	9				3	2	1	
	4	1		9				3
	5			8	1	9		

227

	2				9	1		5
	4		3				8	7
	6	8	5	1				
4					3	6		8
		7		9		2		
6		9	4					3
				3	8	5	4	
5	3				4		7	
8		4	7				2	

228

	2		8			9		5
	6				2		4	3
	5	4		9	7			
6				8	1	3		
2		8				4		9
		3	4	2				1
			5	6		7	9	
4	7		2				1	
5		9			4		3	

229

6			7		2		9	
		2		4			7	1
4		7	3				5	
7		3		5	4			
	4	8				5	1	
			8	9		4		2
	5				8	7		3
1	8			7		9		
	7		4		5			6

230

	6	8	3					9
	3				6		7	1
		1		2	7			6
		7	1			5	9	
3				7				4
	9	4			5	6		
8			4	5		9		
2	4		8				6	
5					2	3	4	

231

9				7		8		2
2		7			1			
		1	2		4		7	
3			8	4			6	
	8	6				3	2	
	2			5	6			8
	9		7		3	2		
			5			7		4
6		8		2				1

232

4	2						1	3
9	7		4			2		
			8	1		7		
1		3		2			7	
		7	3		6	1		
	4			8		9		5
		9		6	4			
		4			9		6	1
2	1						9	7

233

8		2	3	1				
	1				4	7		
	5				2	8		1
6	4				8		5	
2				3				7
	7		6				8	4
4		8	7				1	
		7	1				6	
				9	6	4		2

234

	5				7		3	
3	4		8			9		
		9		5		8		7
	3	4		7				9
9			5		1			4
2				6		1	7	
7		8		4		5		
		3			2		4	1
	2		7				6	

235

5						1	2	4
1			2	8		6		
	2	6	4	3				
	8	3	9					2
	7		3		2		9	
9					8	3	1	
				2	7	9	6	
		7		6	4			1
2	6	5						7

236

			3		4		9	7
	5	9	1					8
4		7		9		1		
9		2	6				5	
	4			2			6	
	1				5	7		4
		4		5		6		2
2					9	3	7	
7	3		2		8			

237

6			1	3		4		
3			8		9		7	
4		2				9	1	
				6	5		9	
9		6				3		5
	4		3	9				
	5	9				1		4
	2		5		8			9
		3		1	4			7

238

	6	2	1		5			
		3					7	4
7				3		2	1	
8		7		5	4			
2	9						5	7
			7	1		3		9
	2	5		4				3
6	1					8		
			5		9	1	4	

239

2				3			6	
		1				5	3	2
7	4		6		2			
		6	4		5		2	
1		2				4		6
	8		7		6	1		
			1		9		5	8
6	1	9				2		
	3			7				9

240

8					6	5		9
	4			5	1			2
		5	8			7		
		8			4		7	5
	9			8			6	
3	1		5			2		
		6			9	8		
7			6	2			4	
2		9	4					6

241

9	8				7		3	
		2		3	6		4	
		3	5				6	
3		5	7					4
8				5				6
7					9	2		1
	3				2	7		
	9		1	7		4		
	4		8				1	5

242

	5			9		1		7
	2	9			1		5	
7			3	2				
1		5	9				8	
		7	5		6	3		
	3				8	5		4
				6	7			1
	6		2			4	7	
9		4		5			6	

MEDIUM

243

1					3	7		
		2	4				3	9
3		6	5		9			
	1			8			2	3
	6			3			9	
4	5			9			8	
			2		7	3		4
5	2				8	9		
		7	9					2

244

2	5			9	7			
8			6		5			
	6					1	5	3
7		2			9	6		
	8			1			3	
		5	4			7		8
1	2	8					6	
			2		8			4
			3	6			2	7

245

	6	5	1	4				
8				9	7	6		
	7						2	3
			4		1	5	9	
9		1				2		8
	8	7	6		9			
6	5						3	
		2	8	3				6
				1	6	8	7	

246

	3	1				5		9
8				9	6			
7					5		8	2
	2	8			3	1		
	6		1		8		3	
		3	5			2	6	
3	1		4					5
			2	3				6
2		4				8	9	

247

4		3		5			1	
		8		6				7
	6		2		3			9
		2	5			9	6	
		4	7		6	1		
5	1				2	7		
1			6		8		5	
3				9		8		
	8			2		9		4

248

6				8	5			4
	1				9	7	3	
	8						2	
4		1	9					2
		2	3			6	8	
3					2	6		7
	4						6	
	7	9	6				8	
5			8	1				3

249

		5		8				4
			4	2	3		7	
4	3	7				6		
	7	3			8		2	
5			1		2			8
	8		6			1	5	
		2				7	4	5
	5		8	9	4			
3				5		8		

250

3	7							8
	1	8	4		2			
			8	7		4	5	
		6	1	9		5		
2	9						8	4
		5		2	4	1		
	8	2		4	9			
			3		6	2	1	
9							4	5

MEDIUM

251

		6	3		7	5		
9	2						3	7
7				2	4		8	
		3	1			7		
2				8				1
		9			6	8		
	7		6	4				3
3	6						7	8
		8	2		3	1		

252

5			3				8	
2		4	9		1			
		3			7	1		2
	2			6		4	5	
	6			1			2	
	5	7		3			6	
9		1	5			3		
			4		8	2		6
	4				3			8

253

2			4			7	3	
		9		8	2			1
4		3	1					8
	4		9			5		
	6			1			9	
		2			4		7	
3						1	8	5
1			5	9		3		
	8	4				7		2

254

	8	7						3
		5	7	1			2	
		2		8	9			1
	9		4		3	6		
3	4						5	8
		6	8		1		9	
8			2	6		1		
	1			4	7	2		
5						4	6	

255

9				2	6		1	
1	5		8			4		
		4	3			9	2	
		1		8			9	4
			1		2			
3	2			6		5		
	4	9			1	7		
		6			7		8	9
	1		2	9				6

256

	3			5	8			7
	6				4		9	
2		1				6	4	
					1	2		4
6				9				3
4		5	8					
	9	6				4		1
	8		1				5	
1			9	3			7	

257

5		9		3	6			
		1			4		2	6
3			2			1	5	
	3		4	7				
9	5						4	3
				2	5		7	
	8	2			3			7
6	9		7			8		
			8	9		6		2

258

			4	1	8			7
	7					5		8
6		1	5			9		
		7	3				4	5
	6			4			2	
5	4				7	3		
		8			4	1		6
4		2					5	
9			1	8	3			

259

3				7				8
	5			3	9		2	
	7	2	6			9		
			9		7	8		1
4	2						9	7
7		9	1		3			
		3			5	6	8	
	6		4	8			3	
5				1				9

260

			9		6		8	2
9		8				7		
	3	1		8				9
	1	5			2		9	
7				4				6
	4		5			8	1	
4				2		3	7	
		7				6		5
3	2		8		7			

261

3				4		5		6
9	6		7					
		1	6		3		9	
1		2			6		8	
		6		9		4		
	9		5			1		3
	5		4		7	8		
					2		5	7
2		9		6				1

262

		5	6					7
6	1		7			5		
			3		9		4	1
			4	7	8	9		
2	7						1	5
	9	1	2	8				
5	6		4		2			
		9			8	5	4	
8			9		1			

263

		5		6	9		8	
1	6		3	8				
8						2		3
		4	1		6			2
	1	6				3	9	
5			4		3	6		
2		1						6
			5	8			2	1
	4		7	1		9		

264

2		8	5				9	
			8	7		3		
1	3		6					8
	1	6	3				8	
7				6				3
	9				5	6	2	
3					6		4	7
		7		9	3			
	6				7	1		5

265

8			3			5	2	
	9		8	1			4	
	4	3		2				8
6			1					9
		1	2		3	8		
5					4			2
4				3		6	7	
	6			9	1		8	
	5	2			6			3

266

	6	1		4	5			
					9	8	5	2
5	8		2			4		
	1		3	5		9		
7								6
		5		8	4		1	
		6			3		8	5
8	5	7	1					
			5	6		7	2	

267

9			7		1			3
	6		9				8	2
	4	8			6	1		
				7		8	3	5
				1				
6	3	7		5				
		5	1			3	4	
3	1				7		9	
2			4		8			7

268

		4	5	2			3	
7	5					2		
6			4		1	7		
	7	8		9			1	
2			1		5			3
	3			7		5	2	
		5	9		6			7
		1					9	2
	9			1	2	4		

269

		3		1	9		4	
1		2				5		9
8					7			3
	6				8	4	1	
	1			2			8	
	2	8	4				9	
5			9					6
9		6				8		4
	8		5	4		9		

270

			5		7			8
	5	2		8			4	
7		8		1				5
	6	9	1		2			
2	7						6	3
			7		6	4	2	
4				9		6		1
	2			7		5	9	
9			4		8			

MEDIUM

271

			8		6	3		
5	9			1	3			
1	3				6	2		
				7		1	8	9
6			1		4			3
2	1	7	9					
		1	3			4	2	
			4	9		5	6	
	5	4		6				

272

					4	8	3	2
9		4			2		7	
		7			6			
	1	8	5					4
4				1				5
6					8	7	9	
			6			1		
	6		7			2		8
5	7	2	8					

273

		7		6		3	4	
8	2		9			5		
1			5	3			8	
			6		5	1		4
	5						7	
3		1	8		4			
	7			8	1			3
		4			6		9	7
	3	8		2		4		

274

8	3				6			4
			4	8	5			
	5	7				8	6	
		1		6		4	8	
5			3		1			6
	6	9		4		1		
	7	8				3	4	
			7	3	8			
6			9				2	8

275

			2	8	9		3	
3		6					2	9
4			3			7		
5	7				1		6	
		8		6		9		
	9		4				7	8
		4			8			7
9	5					8		3
	3		5	4	2			

276

3	8		2			5		
5				6			2	
			7	5		4	8	
		4	1				3	5
9			5		6			4
1	3				7	6		
	6	2		7	5			
	9			2				3
		3			9		4	6

277

					5		3	8
3			1	2				5
6	4			8		9		
		1			8	3	9	
		3	4		7	1		
	2	4	3			8		
		9		7			8	6
2				9	4			3
8	1		6					

278

	4	3						1
			7	1	3		6	
		9			6		3	8
			3	7	2			5
7	2						1	9
3		8	1	2				
4	1		9			8		
	3		5	7	1			
2						1	5	

279

2	4			6				
	3				9	8		4
1			2			5		
		7	8	9			4	
6		1				3		8
	9			3	2	7		
		3			4			5
8		2	7				3	
				2			8	6

280

	9		8				5	1
	5					3		7
	1		5	7	6			
9				1				8
		1	4		9	2		
7				3				9
			3	6	4		8	
1		5					6	
8	6				7		4	

281

	3	6						9
			9		6	4		
5	8			2			6	
				8	2	1	3	
2		1				5		7
	6	8	5	1				
	5			9			4	3
		3	8		5			
1						8	9	

282

	2			6				5
		6	3			8	9	
	3	8	4		5			
7	4			5				
2			7		6			3
			3			5	9	
			5		9	1	6	
	7	9			2	5		
5				4		8		

283

		6	8				7	
5					2		8	
	8	9		4				2
		1	6		9			4
9		2				8		3
4			3		1	7		
3				5		9	2	
	2		9					5
	9				4	6		

284

			7			8	2	
1					9	3		
8		9			3			5
	6	1	3				5	
	4			8			9	
	5				6	7	4	
3			1			4		7
		5	6					2
	9	7			4			

285

	7	3	2					4
							8	2
			7	1	4	5		
				6		3	8	
9			5		1			7
	6	8		7				
		9	1	4	3			
3		2						
8					6	1	3	

286

	3		5	6	2			
						2	6	5
5		2	8					
9	2			3		7		
	5		7		6		1	
		8		2			4	6
					1	8		9
7	9	5						
			3	7	9		2	

287

			4	3	2		6	
	8	2					7	
3					8		9	4
					4	7		5
7				2				6
1		5	7					
6	4		8					2
	5					4	1	
	7		1	4	3			

288

		9	1		4		6	
	6	5						7
8				5	6			
7		8		2				1
	1		4		5		2	
6				9		7		5
			9	1				3
5						4	1	
	3		5		8	2		

289

3				6	1			5
1							2	6
	6	8	2					
	1			9	5	8		
	7	4				9	3	
		9	7	4			6	
					7	6	1	
6	8							4
4			6	1				9

290

2			1	7		8		
		1				2	5	6
4		9		2				
	2		8				6	3
			9		4			
9	3				2		4	
				5		6		7
6	9	2				3		
		3		8	6			9

MEDIUM

291

	5			3	8	7		
9						2	8	
	8	7	6					4
	7			9				6
5			3		4			8
6			7				1	
2				6	3	9		
	3	9						1
		4	9	1			2	

292

7	9							
1	2				7			4
				2	3	9	1	
4	1			7		5		
		8	9		1	7		
		7		8			3	1
	3	5	8	6				
8			2				5	6
							8	3

293

				2	3		7	6
6	8	5					3	
		7	5		1		8	
1				7				
		6	2			5	4	
				8				3
	2		1			7	6	
	5					8	4	1
9	6		4	5				

294

		8		2	6	7		
6			5					
	1					5	9	6
8				9	5		6	
2	9						4	3
	3		8	4				5
9	2	7					3	
					9			7
		3	7	1		2		

MEDIUM

295

		8	1				2	5
	5					6		9
		2		3	7			
4	3		8	1				
	7	1				9	8	
				2	3		1	4
			3	8		4		
5		4					6	
8	9				2	1		

296

9			7	8		1		
	1					6	5	
2			5				7	
5					8			9
		7	9		2	8		
8			6					7
	7				5			4
	5	3					1	
		8		3	1			5

297

			5	3				7
7	2	5	4					
		3			9	4	8	
			8	7		5		2
	7						6	
3		4		9	2			
	4	6	3			7		
					4	8	3	1
8				1	7			

298

	6						7	
			2	4	3		1	
	8		3		7			6
		4			8	6		9
6				9				4
2		7	1			5		
3			9		2		6	
8		9	5	6				
	5						9	

MEDIUM

299

				7		1	9	8
7	1		4				5	
			1		3			
4				5			8	7
		5	2		7	6		
1	8			6				2
			8		9			
	7				2		6	9
3	5	9		1				

300

1	4				8		6	
			5	1				
	9	8		3		2		
			6		7	3		2
	5	6				1	9	
2		9	3		1			
		1		4		7	2	
			8	2				
	2		1				4	3

301

9	8				6		4	
					9		2	
			1	3		9		
5				2			9	1
6			4		3			5
3	9			1				2
		3		6	7			
	7		2					
	1		3				8	9

302

8	3					4		
1		6	7			2		
			9	6	8			5
				4	6		8	
2	8						6	4
	7		8	5				
4			6	1	9			
		8			3	6		2
		7					4	9

303

8		1			2			7
		3		7	1			8
	6		5			9		
	1		3	2			9	
		4				7		
	2			8	5		4	
		8			3		7	
9			4	5		6		
4			8			3		2

304

				9	5		6	7
9		8			1			5
		2	8			1		
	4	3			7		5	
			8					
	7		5			6	8	
		5			4	3		
6			7			2		1
3	9		1	2				

305

		5		7	8	6		
	8		9				1	
4					6	5		
	2				9		8	5
		8		4		3		
6	3		5				7	
		9	6					7
	5				4		2	
		1	7	2		9		

306

1				2	8		9	
	5	8			4			3
	3					1		
	8	2			3			6
		4		5		9		
7			1			8	5	
		1				7		
9			4			3	8	
	7		5	3				9

307

			3	2				1
4		1	6					7
	2	7				9		6
	9				6	1	3	
			4		9			
	6	8	5				4	
7		2				5	9	
6					5	8		3
8				4	1			

308

	7				8		1	4
		6		4	1		7	
		9		6				8
6	8		7					
		1	6		5	3		
					9		5	6
9				7		2		
	6		5	1		7		
5	2		4				3	

309

7	4			3				
	1						9	7
	2		8		7	6		
5		9		6				
		4	5		1	8		
				8		3		9
		7	6		2		3	
3	9						6	
				5			1	2

310

				8				3
			2		4	5	9	
2	3		6			8		
1					8	9	3	
	6			1			8	
	5	4	7					2
		2			6		4	8
	8	3	9		1			
7				4				

311

4				9		7	8	
		6			4			5
8				2	7	9		
	4		9		5			
6	5						1	9
			4		2		5	
		8	6	4				1
7			8			3		
	3	1		7				4

312

		2	5			1		
	8				4	7	6	
				7	1			3
2				1	5		9	
1	4						3	2
	3		6	4				8
5			2	6				
	9	4	1				7	
		7			8	3		

313

		4	6			5	3	
				5	3	4		7
1		3		9				
	7		2				4	
	8		9		1		7	
	4				5		2	
				1		9		4
9		8	5	3				
	1	2			9	3		

314

			4	6	8		1	
	6			2				8
4		1					3	
		9			2	6		3
		3	6		7	8		
5		6	8			7		
	5					9		7
3				9		5		
	9		1	5	4			

MEDIUM

315

			8		5	9		
7		4		3				
8		9				6		5
	6		3	2			5	
3	7						1	2
	9			5	1		4	
6		3				5		8
				8		4		7
		7	6		2			

316

2		5		3	4			
	7	8			2			1
			1				8	5
		6	3	2			4	
		3				7		
	2			7	9	8		
8	5				3			
9			7			5	1	
			5	1		3		2

317

		5		2		8		
2	8				6		9	
1				5			7	3
			8			5	1	
6			2		5			7
	9	3			7			
9	3			1				8
	5		6				4	9
		6		8		7		

318

1			3	2				
			5			3	8	
3	7	5				2		
	9				7		4	5
5				4				3
4	3		9				7	
		1				5	2	8
	6	9			4			
				1	2			6

MEDIUM

319

		3					5	7
5			6		4			
8				3		4	9	
		1		4		3		9
	4		7		2		1	
6		7		1		5		
	2	4		8				1
			9		1			8
1	6					9		

320

			8			9		4
		2		9	1			3
6	5			4			8	
			9		5	6	4	
		5				8		
	4	7	1		2			
	9			5			7	6
5			4	1		2		
7		8			9			

321

9					4	5		
		2		7			4	
	3				5		9	8
	2				1	4		3
		5		8		7		
8		4	6				2	
2	4		8				1	
	6			1		2		
		9	2					6

322

🔲			7	6		1		
1	5				4			9
	2					6		3
5	9	8			2			
	4			8			1	
			9			3	2	8
4		5				7		
3			5			9	4	
		7		2	8			

323

4		6	9				7	
		1		7				2
	3				2		5	
		4	8			7		6
5			6		3			8
6		3			9	4		
	6		5				4	
3				9		5		
	9				1	3		7

324

6					7	3		
2	5			3				4
					9		5	7
	7	2		1		5		
		1	2		8	4		
		3		5		2	1	
7	9		4					
3				7			4	5
		5	1					8

325

	7	8			3			
		3	5			1		2
	5		6	7			8	
			8				5	1
		9		6		3		
1	6				5			
	9			3	1		4	
3		4			8	7		
			2			9	3	

326

				4	3		7	8
		6	9				5	
7		1	5			3		
5		8			2		9	
				1				
	9		4			2		6
		5			4	8		2
	8				6	7		
2	6		8	7				

MEDIUM

327

	9		2			7		
6	3						5	
			3		5		1	6
7		1			9	3		
8				5				9
		3	8			2		4
3	7		5		2			
	4						2	8
		8			6		3	

328

		7			2		8	
8				1	3			2
		1		7			9	
	6	2			8			5
		3	5		1	6		
4			3			2	7	
	7			9		3		
1			6	3				7
	2		1			9		

329

			7		6	1		
	9				5			4
		1		2		8		9
3					2		1	7
	8			3			2	
2	6		4					5
7		6		1		5		
9			6				3	
		2	9		7			

330

					5	9	1	
4		1	8					
	3		6			7	4	
8		9	5	3				
3								1
				8	4	3		6
	1	4			7		2	
					9	4		5
	9	6	4					

331

2				5			6	1
	9					4		3
			6		9			
		5	2		1	3		
	2	4				7	5	
		7	5		8	6		
			9		3			
7		8					3	
3	6			1				5

332

		8			6	2		5
7	3		9		4			
	2					7		
					9	1		4
	9			5			6	
1		2	7					
		1					2	
			8		5		9	1
5		9	6			3		

333

	1	3					9	4
		6			8			5
		4			7			
	8			5	6			7
6	2						3	8
4			8	9			2	
			3			6		
7			4			2		
9	6					4	8	

334

	4				5	6		
6	5		1					7
		7		4			3	
			3	8		7		9
	3						4	
1		6		7	9			
	6			2		3		
9					7		2	4
		4	5				6	

MEDIUM

335

3	6		9			4		
	4			2		9		
		5	3					1
	1				4			8
		8		7		2		
4			6				5	
6					9	8		
		2		5			9	
		9			7		2	4

336

2				7		5		
		3		5		4		1
1	6		8					7
		2	7		3			
	7						1	
			6		5	9		
3					8		9	4
4		1		3		2		
		9		2				8

337

1		2		9				
4					5		3	
		3	2			8	5	
	4	8		1	3			
	9						4	
			9	4		1	7	
	3	9			2	7		
	6		4					2
			5			6		3

338

6					2		5	
3	7			4			9	
			1					4
	8	3	7		9			
2		9				6		3
			5		3	4	8	
1					4			
	9			1			4	7
	6		3					5

339

	9				2			5
			9			6	8	3
7		6	4					
		4	3	6			2	
	3						1	
	1			4	9	5		
					4	9		1
9	8	3			7			
1			2				7	

340

	4			7		9		
5	7					2	1	
		3	2			5		
			1				9	2
1			9		7			3
8	2				6			
		6			4	3		
	3	1					6	4
		5		3			7	

341

	2	3						
		7			5	8		2
	9			6	1		3	
5				1	9		6	
		1				4		
	4		7	8				1
	7		9	3			1	
3		9	6			2		
						9	4	

342

7		1	6	9				
	9							7
8				4			6	3
		8	1				5	
	2		5		3		8	
	1				7	3		
6	8			1				2
1						3		
				7	6	5		1

343

2		4						
			8		3	6		7
	7		2	9				5
6				3		1	5	
			4		5			
	9	5		1				8
3				5	8		6	
1		8	9		6			
						8		2

344

	4	2						
8						1		6
3				2	8			7
	7		1			8	5	
	2			3			7	
	6	8			4		1	
7			4	9				2
4		1						5
						7	4	

345

	7	1		3				
		2				7	3	9
	6		9		7			
2	8		5					
		3	1		2	5		
					9		6	3
			2		6		4	
7	1	4				9		
				4		3	8	

346

	3			6				9
7	4	8						3
			8	4				7
			2		9	6	3	
	7						9	
	2	1	3		6			
8				9	1			
5						1	4	8
2				3		7		

347

9	4		3		8			
	6	7			5	9		
						5	3	
6			8	4				3
	9						1	
5				7	3			8
	1	8						
		6	4			8	7	
			5		7		6	2

348

		9	4	7	8			
7								2
	8	5			3		7	
8		2	6					
		6		1		3		
					4	5		1
	3		9			2	8	
9								7
			5	4	2	9		

MEDIUM

349

			8		7	6		
8	2	4					9	
	9				3	8		
3			5	2				9
	4						5	
2				6	1			8
		1	7				6	
	3					7	8	4
		7	4		6			

350

		6			3		2	7
	9			2	1		3	
		3						9
			7	1				4
5		2				6		1
4				8	2			
9						7		
	8		2	6			1	
7	2		4			3		

181

351

9	5	1						
		8			3	9	4	
			2	7				
	7		1	4				3
	4	3				8	6	
8				3	6		9	
			6	7				
	9	2	3			6		
						3	5	8

352

		3		1	6	5		
	5			7		2		6
2	4		9					
8			3				9	
			6		2			
	9				5			4
					8		2	1
6		8		2			7	
		9	1	3		8		

353

					9	2		1
7					3			
9	1		2				3	
4		6		8			7	
		9	7		5	4		
	7			9		1		8
	4				7		8	3
			3					5
3			8	6				

354

8	7				3	1		
2	3				9	7		
					6			4
			5	3		9		
7	4					5	8	
	5			7	4			
9			2					
		1	3			4	6	
		3	8			7	1	

MEDIUM

355

4		1		3		9		
			6					8
				7	4	2		6
	4		1		9			
8	7						2	1
			5		7		6	
1		6	8	9				
9					5			
		8		1		6		5

356

	1			9		2		5
					5		9	
4		9			6			1
			8			7	3	
		6		7		5		
	9	2			4			
8			1			4		6
	7		6					
5		4		8			1	

357

	3		4	5				
						4	3	
2			7		8	9		
			2	7			6	9
4		9				7		8
3	7			8	6			
		6	8		3			5
	1	4						
				9	2		8	

358

			7			2	4	
4		5	3	2				
1					6	5		
8		6		1				2
			5		2			
5				7		3		8
		1	9					5
			6	4	7			3
	8	4			7			

359

	2					4		
1			5		7			3
		7		1				6
9	8		3				1	
		2	9		5	6		
	3				2		9	8
8				3		2		
3			4		8			5
		1					8	

360

9	3				6			4
					1	3		
7	1			4		8		
	4		2			8	9	
	5						8	
		9	7		5		6	
		8		1			4	5
		3	4					
5			9				3	2

361

7			8	3			6	
	2						1	
		8	4			9		5
	9				7	2		
4			5		6			7
		5	1				4	
2		6			4	5		
	1						2	
	4			8	9			1

362

	7		2				6	1
		4	6			2		3
	6			8				
5			1			3	4	
			5		7			
	8	6			2			5
				4			2	
9		5			6	7		
4	2				1		3	

363

		1		4		3	5	
		6					7	
	3			9	6		8	
5					4	9		1
			9		7			
2		9	1					8
	2		3	6			1	
	1					4		
	7	5		1		8		

364

9				2			6	
			9			4	2	
3	5		8					
		8	7				1	4
5			6		8			3
1	9				2	8		
					3		8	9
	1	3			6			
	7			8				6

365

		6			1		5	
		9		5				8
1	5			3				9
			3			2	4	
		3	7		6	1		
	2	5			4			
6				4			9	2
4				1		5		
	9		2			4		

366

		4	7		1		3	
3		9						6
2				5			9	1
					2	5		
	9			3			2	
		2	1					
8	5			1				4
9						6		3
	7		8		3	9		

MEDIUM

367

5	9			2				8
		4		3	6			
		7	4				2	
					4	8	6	
		3	5		2	1		
	8	2	1					
	6				5	4		
			9	7		2		
3				4			9	5

368

			2		1	7		
7		5					9	
9				8		6	3	
2					3	8		4
			8		6			
6		7	1					2
	7	4		1				6
	2					1		3
		8	3		5			

369

	3				4			9
	2	7				4	8	
9				1	6			
		2		9			7	
		3	8		1	6		
	1			3		8		
			5	6				8
	9	5				7	3	
1			9				4	

370

		5	7			3		2
				3	8			
	1			2		5		8
4					2	6		5
			1		6			
3		2	9					7
6		4		1			7	
			2	5				
2		8			7	4		

371

6							7	3
8					2	5	4	
			7	8				
	2		3		6	9		
4		6				7		5
		7	9		5		6	
				3	4			
	5	1	2					7
2	8							6

372

		5			1			6
	3					7		9
	7	2		5				1
	6			4	8		1	
		8				5		
	1		2	3			9	
9				2		3	6	
2		3					4	
7			4			1		

373

9		4		7	2			
		5				2		4
	2				8		1	
	8	9	1		6			
1								9
			9		3	4	5	
	4		2				9	
5		2				6		
			8	4		5		7

374

	8		9	3				
3						4		
		4		8	2		5	
		9			3	6	1	
	2		7		1		4	
	1	7	4			2		
	7		2	9		3		
		6						8
				4	5		2	

MEDIUM

375

		8						
	1			4	5		7	
					9	1	5	4
8		7	6					9
	9			7			4	
5					8	7		6
6	4	3	5					
	7		1	8			2	
						5		

376

8			4			5	3	
7				5				
	2	5		7			8	
	5		2					3
		7	1		3	2		
3					5		6	
	8			3		7	9	
				9				8
	4	6			7			1

377

	9	4			2		5	
	5						8	
		6	8	3				
		3		7		2		5
6			3		4			8
1		5		8		4		
			9	1	5			
	6						4	
	4		5			3	1	

378

9					8	7		
	8				2	6		
6		1	9			5		
7				1			8	
	4		5		3		9	
	3			7				1
		2			1	9		3
		9	3				5	
		3	7					6

MEDIUM

379

	8	1		3			2	
				2	4		6	9
	6		7					3
			5			6		
6			2		8			1
		7			9			
7					1		5	
9	4		6	5				
	3			4		7	9	

380

	4	9	2				5	
			6	5				
		5			9	4	1	
4	1		3					
3				2				8
					7		4	1
	6	1	8			2		
				6	2			
	9				5	7	8	

381

		7	1					2
	5			7			9	
1				6	4		7	
7		5			9			8
			2		8			
2			7			1		9
	4		3	5				7
	1			8			6	
9					1	3		

382

		8		5			4	9
3	4				7			8
				3				
	2		3			1		5
		3	9		5	4		
8		4			1		2	
				1				
6			5				3	1
7	9			6		2		

MEDIUM

383

				2	1			4
	5	1	7					8
		7	6				3	
			8	5		3		2
	9						8	
6		3		4	9			
	6				5	8		
1					7	2	5	
3			4	8				

384

5	2		6	3				
					8		4	2
1		7	2					
		4			6		7	
	7			8			6	
	6		9			8		
					3	9		7
6	3		1					
				5	9		1	3

385

					4		6	3
7		3		1			2	
9			6	3				
5					7	3		
	8		5		3		9	
		1	9					6
			9	5				8
	1			7		2		5
2	3		4					

386

	3		4		2			5
		7			3	4		6
1								
	9			1	8		7	
6	1						4	9
	7		9	6			8	
								1
5		9	7			2		
8			3		9		6	

387

1		3						4
	7			3	1			9
	5		6				8	
6					2	7		
		4		8		3		
		8	7					5
	2				8		9	
8			3	6			5	
5						8		1

388

		4		7			3	
	6		1					7
	8	2	5					9
	5				7			3
9				6				2
4			3				5	
1					4	7	2	
8					9		1	
	2			3		8		

389

	9				4	3		
8				6		5	9	
3			2	9				
5			7		6	2		
7								1
		6	8		3			7
				7	1			5
	1	5		8				9
		8	5				6	

390

	9				4	2		
			1	7			4	9
	7	8					1	
			7		1	9		8
		3				5		
2		9	6		3			
	3					1	8	
1	5			8	7			
		6	5			2		

MEDIUM

391

		4		9	6		5	
		3						
9		5				3	2	
1					5	6	7	
	6		2		7		8	
	9	7	6					3
	3	2				1		7
				8				
	5		1	4		2		

392

3			1				6	
	7	4					1	
9				7	3			
		3			6	4		8
7			4		2			1
1		2	9			3		
			2	6				7
	6					1	5	
	1				5			4

393

9						5	2	
			3		6			
1		4		2	8			
	3	7	1				8	
4				6				5
	9				2	4	3	
			6	9		8		2
			2		1			
	7	1						3

394

	2				4	8	5	
9					7		2	
6		4		3				
			4			3	8	
		1		6		5		
	5	3			1			
				5		4		9
	1		9					5
	7	9	1				3	

395

					1	2	8	
6	2		8					1
	8		9			6		
		8		7	6			
7		6				4		2
			5	3		7		
		1			8		2	
8					2		4	6
	3	7	6					

396

					3	7		2
2	8		1					3
		4		5	7			
7				2			6	
		1	9		5	3		
	4			1				7
			8	6		2		
3					4		7	1
5			8	7				

397

				8			4	
	9			2	1			
8		2				5		3
1			4		8	3		
9								1
		7	2		3			6
4		5				8		7
			6	7			3	
	1			4				

398

	8			6		4	5	
6					4	7		1
	4		9					
			5	7				8
2		4				3		9
7				3	9			
					3		6	
4		2	1					5
	6	3		2			1	

MEDIUM

399

	2		6		8			
				1				8
		9			2	5		4
8					9		5	
	9			6			1	
	6		7					2
4		8	5			7		
5				3				
			8		1		3	

400

	4		6					
	5			9	2		7	
		8			3		4	
2					4	3		1
		6		3		5		
9		4	2					8
	9		3			1		
	6		7	8			5	
					6		3	

401

	1							7
5		6			2			4
	8		4		1	5		
8	4		9	3				
	3						5	
				4	8		6	3
		2	7		3		4	
4			1			8		5
9							2	

402

6				8		9	2	
2								4
	1	4	2			3		
	2	3			7			
8			4		1			6
			9			1	8	
		1			9	5	6	
3								9
	5	9		1				3

403

		5						2
4		7	1				8	
9			8	7				3
	6	3			1		4	
			2		8			
	1		7			2	3	
3				4	7			1
	9				2	3		7
1						5		

404

4				5				
	3	7				6		2
			2		8	3	4	
		2			4		7	
	4			6			8	
	6		7			2		
	7	4	9		1			
1		8				7	2	
				3				1

405

8			6				2	
			5					1
9	5				2		7	
		9			5		4	6
		2		3		8		
5	6		1			3		
	1		7				6	3
4					3			
	9				1			2

406

				2				3
	2	4				8	1	
		9	6		1		7	
					3	1	5	
8			5		6			4
	4	5	9					
	6		8		2	3		
	7	8				5	2	
4				3				

407

2			4			7	6	
		4			6			1
	8			5	2	4		
	5			4				
9			2		7			8
				3			1	
		5	7	9			4	
1			3			8		
	2	8			5			9

408

			9	1	2	8		
			5			1	4	
	1	8					5	
	3		4			2		
1				8				9
		7			6		1	
	2					3	6	
	7	1			3			
		5	8	6	4			

409

					4		7	5
		2	5			4	9	
	5	7		8				
		1	8				4	7
				2				
7	3					5	8	
				1		3	6	
	1	4				7	5	
3	9		2					

410

9	6					4	8	
5			3	4	9			
					6			7
1		6		7				
		8	5		1	7		
			3			2		5
8			9					
			1	2	3			4
	7	1					6	9

MEDIUM

411

	9			1		4	8	
2	4	5						9
			4					6
	3		5		1	6		
		2				8		
		1	2		3		5	
5				7				
8						7	9	1
	7	4		6			2	

412

6			9			7		1
			1	3			6	
1								4
	6				3	4	7	
		2		7		9		
	5	7	4				1	
8								2
	9			4	6			
5		1			7			3

413

			8		3		1	7
		3		2			5	
4								3
				3	9	2	8	
8		9				1		6
	7	2	6	8				
9								8
	6			4		7		
7	5		1		8			

414

	1	4	3					9
			9			7		
7				8	2		5	
1		2		7	3			
				1				
		3	6			5		7
	8		7	5				2
		6			9			
5				1	6	3		

415

	5					4		3
7	4	3	6					
			3	9			7	
4			7	8				6
	7						4	
1				4	9			7
	2			6	8			
					2	9	3	8
9		7					1	

416

7	4		9					
		2		5			3	
		5	3				4	1
		6			5	2		
5				7				6
		7	1			9		
8	7					2	1	
	3			6		5		
					8		9	2

417

3					6	5		9
		9	5	3			4	
		5			9			
				8	4	6		7
1								2
8		3	9	2				
			3			8		
	8			6	2	3		
5		7	4					6

418

	4			5	6			1
5		1		2		6		
6					7	2		
	2	3	8					
			7		2			
					1	8	5	
		8	5					9
		5		8		1		7
4			1	7			6	

419

7	8					3	2	
	2	4	3		8			
				7			6	
			9	5				1
9		1				7		3
5				4	1			
	9			1				
			2		7	4	9	
	7	6					3	2

420

			1		8	4	5	
		9	4					8
4	2						3	
		4			6			3
		1		2		6		
7			9			8		
	6						4	1
1					5	9		
	4	3	8		1			

421

		1			2	6	7	
6		5						3
				6	8			
4					6		1	8
	9		8		5		2	
5	8		4					6
			5	9				
7						1		2
	1	4	2			8		

422

				4	7			8
6					8	4	7	
		8						5
		7			4		6	3
		9	6		5	7		
2	4		3			5		
9						8		
	2	4	9					1
5			7	1				

MEDIUM

423

		3			9			
		8			6			1
4				2		8		9
8	5			1		3		
	1		2		8		4	
		2		4			9	8
1		5		6				2
9			8			6		
			7			5		

424

					8	1		5
	7		2	3			4	
5						3		
	8		3	9		6		
4		1				9		7
		6		4	1		5	
		4						1
	9			1	4		6	
8		3	6					

425

9		5			8			
	7			3				1
		4			2		7	5
5	8		6					
		3		1		4		
					9		1	8
4	3		2			5		
6				7			3	
			3			7		4

426

		7					8	
8	2		5				6	
6			1	9			7	
		6			3	2		5
				4				
2		1	8			7		
	7			6	1			9
	5				4		3	7
	6					1		

427

6								3
5	7	3				8		
			3		5	7	1	
9	3			6				
	1			9			2	
				8			6	4
	6	5	8		2			
		2				6	4	8
1								5

428

9		1						5
5					7			6
				5	1		3	
	2		3		5		4	
	4	5				6	7	
	9		7		8		2	
	7		1	8				
6			2					8
4						2		7

429

	3		8		5		1	
		1					9	
		6		9		2		3
8	9				6			5
				4				
4			2				3	6
6			8		1	4		
	7					3		
	4		7		9		5	

430

5					3	2		
	7	1	9			6		
	6			5				4
		8			5		3	
1			4		9			7
	2		1			4		
7				9			1	
		9			1	7	8	
		5	7					9

MEDIUM

431

		4	2		3	1		
6	2			5				
7					4		3	
	8			4		6		
			5		2			
		5		9			4	
	7		4					9
			1				7	4
		2	3		7	8		

432

9		6	5				7	
	1	5				8		
				7	2			6
	8		6					3
	4			9			2	
3					5		6	
1			2	8				
		4				2	5	
	6				9	1		7

433

				8				
6		3	4	5				
	8				3	1	7	
	6		9		8	3		
	2	4				8	5	
		8	2		5		6	
	4	9	3				1	
				9	1	6		8
				7				

434

9			1		8	5		
8						6	1	3
				5	2			
	6		8				7	
		4		2		1		
	3				5		2	
			7	3				
3	5	1						6
		7	5		6			4

435

9			1				7	6
		8				2	1	
		2	6	9				
	8	9	5					
	6			2			5	
					6	9	2	
				5	7	3		
	9	5				6		
4	1				8			2

436

1	8		6					
	7		3	4				
		2				1		3
		1		8		7	6	
	2		9		5		4	
	9	8		3		2		
5		4				9		
				5	4		3	
					3		8	5

437

			4			7		
1		7	9				8	
4		5	3					1
	7	2						9
			7	8	5			
8						5	6	
7					6	4		3
	1				3	6		8
		9			4			

438

					2		5	8
6	3			1	7			
2			3				7	
1	4	7	6					
				5				
					9	1	4	2
	9				3			5
			1	4			3	9
3	6		8					

439

		7			4		2	
5			7	1			4	
			9			8		6
	2			3			8	9
			2		1			
4	1			9		3		
6		4			9			
	7			4	6			2
	3		1			4		

440

3	1		5					
		9		8			5	1
	2							3
1				6		3	9	
		6	2		7	1		
	5	3		4				2
4							1	
9	8			2		6		
					8		3	9

441

	7							
		8	1		2	6		
			9	3				7
	9		4				6	2
6				8				4
5	1				3		8	
4				1	7			
		9	8		4	1		
							5	

442

		4						3
5	6			2	4			
		8	5				2	6
	8	2	3		5			
		9				1		
			9		2	3	6	
8	4				6	2		
			2	9			4	8
2					7			

443

	9		8		2			
	2			4			3	5
		4	5			9		
		2		5	8			6
	5						9	
6			9	2		4		
		3			4	6		
2	6			8			4	
			6		7		1	

444

				8	1	5		
	5			6			8	7
7		1					6	
6	3				8			
4			6		7			2
			5				3	6
	9					4		1
1	7			9			2	
		6	1	7				

445

							6	2
		4		3		9		5
2	9		1		6			
		7			9			8
		8	2		5	6		
4			8			5		
			4		3		1	9
7		9		2		8		
3	4							

446

1			4					
	6	9	3					4
		4			7		2	
	9			4		6	7	
3			7		1			2
	7	5		9			4	
	2		1			5		
5					8	4	3	
					4			1

HARD

447

	5	9						2
2	4			1		3		
					5		9	
	2			9		6		4
		8	1		4	7		
3		4		6			2	
	8		3					
		5		8			1	3
9						2	4	

448

6	2		9					
8				2		1		
7			4		5			3
	8			7	2			
	4	6				9	7	
			3	4			1	
4			8		7			9
		7		6				1
					4		2	7

449

4				2				1
8					9		3	2
	5		4					
		6			2	8	9	
	2		8		6		7	
	4	8	7			1		
					8		4	
6	8		9					3
9				7				8

450

	2	4	9					
1			8	7		3		
	8					7	4	6
		8			2		6	
				8				
	6		4			9		
6	3	5					8	
		1		4	8			5
					1	2	9	

451

		8					9	
			2			4		1
4	7		9					2
7	8					3	4	
			5	9	8			
	1	2					5	6
3					2		6	8
2		6			3			
	5					2		

452

	3			8		5		9
5					7	4		
1	4		3				2	
					1	3		2
			3					
8		3	7					
	6			3			9	5
		2	6					1
3		5		7			8	

453

3			8	7		5		
	8				1		4	
7							8	9
5		3	7			2		
				9				
		9			4	6		3
6	7							2
	9		6				3	
		5		2	8			7

454

				1			9	4
	6		8		4			3
		7	2			6		
9	5		3				6	
				6				
	3				9		1	2
		9			5	2		
5			9		2		3	
2	1			7				

455

3								5
	6	2		4	7			
7					1	4	6	
				1	9	2		
6		8				9		4
		5	4	8				
	7	6	9					1
			2	7		6	4	
2								7

456

5					2		9	
	2		9				7	
		6		3	5			1
8					1	3		4
				6				
3		2	5					6
6			8	4		7		
	3				7		6	
	9		6					8

457

		1			8	5	9	
	8				4		1	
4	9					6		
3					2	8		6
				5				
6		8	1					2
		6					7	5
	4		3				6	
	7	9	4			3		

458

8					1		4	
4					2	1		8
	2	1			4			
	5	9	7					3
				3				
1					8	6	7	
			8			5	3	
9		5	1					4
	1		6					7

HARD

459

1		3				6		8
			2	6	8			
			4				7	
3		7	9				5	
8				4				7
	9				7	3		2
	1				9			
			1	5	4			
5		8				1		3

460

	1					8	6	3
		4			3			
6		8			1			
7					9		8	5
		1		7		4		
5	4		6					1
			9			1		8
			5			2		
1	5	2					9	

461

9				7		5		
		5	8		2	1		
		1			9		8	4
			9					1
1			3		8			2
3			2					
4	2		6			9		
		7	9		3	4		
		9		1				5

462

	3			7			9	
		8				3		2
		5	3		2			7
3			6		1			4
	1						6	
8			7		4			3
9			2		3	6		
4		3				8		
	6			4			3	

463

			1		9	3	
2	1		3				5	
7			4		8			
		1	8					2
		2		4		5		
4					1	3		
			2		3			9
	2				7		6	5
	6	8		9				

464

9	5		1			7		
		8				6	4	5
		7	8					
				6		3	4	
6				3				1
	3	2		8				
					3	1		
4			3	6		2		
			9		2		8	3

465

		6	1			3		9
3	1				5			
4						1	6	
7		2	5		4			
	4						3	
			8		6	5		2
	6	4						3
			6				8	4
9		7			3	6		

466

	3				4	8		
6			8		7			
	7			3			4	9
1		7						4
			2	7	6			
5						7		8
9	4			2		8		
			9		1			3
		8	7			9		

467

			7	2				
	3				5	6		
		4				2	7	1
	5			6		4		2
			4		1			
1		9		8			6	
3	6	1				7		
		2	5				9	
				4	6			

468

8		9		1	6			
	1		9				2	6
		6					1	
	3	5		9		1		
			6		7			
		8		2		4	9	
	8					7		
4	5				1		3	
			4	3		8		1

469

	6		4					
8						4		3
		3	7	8		5		
	7	1	8					6
	3			7			1	
2					9	3	8	
		2		1	7	8		
3		4						9
					8		3	

470

				3	6	2		
	3		9				6	4
7								5
4	5			2		7		
			8		5			
		2		9			5	6
8								1
3	7				4		2	
		9	2	6				

471

	3					9		
		2			4			1
		4		7	1	3		
4				9			6	
2			5		6			8
	6			2				9
		9	8	4		1		
1			7			8		
		5					7	

472

		6		7			2	3
	3	7					9	1
		1	3	6				
9			4					
8			2		7			6
					3			9
			4	5	9			
1	5					4	6	
6	2			1		3		

473

1		5		3			8	
	6		9					
8			6			4		3
				2	7			9
	2						4	
6			8	1				
4		3			5			7
					4		9	
	5			7		3		4

474

	1	8						
6			3	8		5		
			6			2		8
9	4		1					3
	5		8		3		2	
8					6		5	9
7		1		2				
		9		6	1			2
						6	7	

475

6				8			9	2
	5				3		4	
		8	5			6		
			3			4	1	7
			7		6			
7	4	5			1			
		9			4	2		
	7		6				3	
8	2			3				4

476

		8				5		4
				5			9	
		5	6		2			
	1	3	2					
4			5		3			8
					9	6	1	
			7		4	9		
	9			3				
8		4				2		

477

					5		1	3
		3		7		4		
2		7						6
8		1	9	2				
	6						4	
				5	6	8		9
7						5		1
		5		8		6		
9	8		5					

478

			7			9		1
	1			2		5		
	5				8		7	
				5			3	4
		3	2		4	8		
9	4			1				
	8		9				2	
		1		6			9	
5		2			7			

479

		8		5				
		2			6		7	
4			7					1
			7	3	5			
8	1						3	9
		6	2	1				
2					5			8
	4		3			6		
				4		1		

480

	2			8	6			1
7	6							3
				7	9			
			4			2		7
		3		1		5		
6		7			5			
		8	3					
5							3	2
4			6	7			5	

481

		2	6	3			1	
7					2		8	9
			7				3	
		8				1		3
			3	5	7			
3		5				2		
	5				1			
4	6		9					1
	8			4	3	9		

482

	3						7	1
			6		7	5		
7		9			3			
	9			1			4	6
1			9		6			8
6	2			8			3	
			8			3		7
		8	2		1			
4	7						1	

247

483

			6		5			
9		1		3		4		
	8					9	5	
7			3					4
		9		7		2		
3					9			1
	9	8					4	
		3		4		6		5
			8		6			

484

	8				1		6	
	2	7			3			5
1				2	5			
		1		5		3		
			1		4			
		9		6		8		
			5	4				1
6			2			9	3	
	1		8				2	

485

				5		7		3
		6		4				
4			2		3			6
8			5			6	3	
		1	8		6	4		
	3	5			7			2
1			3		5			4
				6		9		
5		7		2				

486

			1			9		
2	9				8			1
1				2	6		3	
		1		6	4			
5	6						7	2
			7	3		1		
	2		6	4				5
8			3				9	7
		7			9			

487

		9	4				2	3
1			9			4		
		5					9	
		2	1				5	6
8				2				4
5	6				9	7		
	9					1		
		6			1			8
4	5				3	2		

488

8	3						5	
		7		3	4			1
		9			8		2	
			3		1			8
	1	3				4	7	
6			4		9			
	4		2			8		
1			8	4		7		
	2						4	6

489

			8					7
5				6		8	2	
	8	6				3	9	
		7		4			3	
9			7		1			6
	3			9		2		
		8	9			3	4	
	5	9		2				8
2					7			

490

8				5	7		3	
				2	4			
2	3	1						
1	2		3			5		
			4					
		8			1		7	9
						8	6	5
		9	8					
	8		4	1				2

491

		5	7			2		
	6		5		2		8	
4				6				
		6			9	1		2
8				7				3
7		1	3			6		
				1				4
	4		6		8		9	
		9			7	8		

492

	9		6					3
		6		9			1	
4		5	3	2				
			9		8	3		7
	7						2	
9		3	4		2			
				1	9	2		8
	2			4		6		
3					5		4	

493

1	7					6	2	
			2		6		4	
		4	1	5			7	
4		7			1			
				9				
			8			1		7
	3			4	2	8		
	8		9		7			
	4	5					3	2

494

		2						8
		8	6				2	
			8	1			9	6
2	7		9				5	
3				7				9
	9				6		1	4
1	2			8	4			
	4				9	8		
5						3		

495

	5			1	8			6
	6	8		2			3	
1					5			
6			5					3
		5	8		6	2		
8					9			7
			1					2
	3			9		4	6	
7			6	5			1	

496

						8	4	
	8		3					9
7	1	3			9			
5					7	2	3	
3				5				4
	7	2	4					1
			6			4	5	7
1					4		8	
	4	8						

497

			1		8			6
		6	9			7	5	
		9		5				
		1			9		8	3
				4				
5	7		2			6		
				1		9		
	8	5				2	3	
1			8			6		

498

						4	7	6
	2				8	1		
3	4				7			
6	9				5			
5				6				1
			8				6	7
			7				1	5
		4	9				2	
1	7	3						

499

		9	7					
		3			4		8	7
5		7			1			3
4				9		8	3	
			8		6			
	3	8		4				9
9			5			3		1
7	8		3			2		
					2	9		

500

		1						2
4					9	6	7	
	8		2		3			
8	9	7	4					
	5			9			8	
					8	2	9	3
			3		4		2	
	4	8	7					5
2						4		

501

	1		5	2				
5			3					8
		4			7	5	9	
9				1	3		8	
	5						4	
	7		2	8				6
	8	9	6			2		
6					2			9
				3	8		6	

502

4		6	1					
5						4	1	
			5					2
	2		8			9		5
		9	2		1	3		
7		3			9		2	
2					8			
	6	7						3
					5	6		7

503

	7		3					4
		3		5			9	
					8	6		
				3	5		8	7
		5				3		
3	8		1	6				
		1	4					
	6			2		1		
4					7		5	

504

	4	6			7			
		2			5		8	
7				9		6		4
4					3			8
	8		5		6		7	
5			7					6
2		8		7				1
	1		9			7		
			2			8	4	

505

4			6			5		
8			5			3		1
				4	3		8	
	9	8	4					
		5		9		8		
					8	2	6	
	4		2	7				
9		2			5			3
		7			4			2

506

4			2		1	5		
7						6		
		9	6	7			8	
	7				6			4
	4			1			6	
9			3				1	
	8			6	5	4		
		7						3
		4	1		2			6

HARD

507

	8	5			6		7	
3				8	2			
			7			6		8
	6	9			7		8	
				2				
	2		1			4	5	
8		7			1			
			4	7				5
	4		2			8	6	

508

7				1		2		6
		1					8	
	6	5	8				9	
5			4			7		
	1			6			5	
		2			5			4
	3				4	9	6	
	2					5		
6		9		3				2

509

	1		6	3		4		
5				4				
					5		7	1
4	3		9					
6			5		8			7
					4		1	9
1	2		8					
				6				8
		6		5	1		9	

510

	1						7	5
		3	9	2				
			7			3		4
		1		7	3		4	
	8						9	
	5		8	4		1		
9		6			7			
				9	6	4		
7	4					6		

511

		4	2				7	
7			9				3	
	3				1			2
					4	2		3
		3		8		5		
8		6	5					
9			6				2	
	5				8			4
	6				7	8		

512

	7				3			
1							9	8
2			7	8			3	
8	6	3	5					
		4		6		5		
					9	8	6	2
	8			9	1			4
3	9							1
			6				8	

513

	8	4		5	9			
5			7				8	
	3							4
	4	8	9			1		
		5		1		7		
		7			8	2	4	
8							7	
	7				1			9
			8	7		6	1	

514

4	1					5		7
					3	1		4
	6		5	4				
	8		6			7	2	
				2				
	2	5			7		4	
			3	9		5		
5		9	8					
6		2					7	8

HARD

515

		1			4		6	
	8		1	6		5		
	2				5			
		2		4		6		8
	4		2		3		1	
7		5		1		2		
			6				3	
		9		3	1		7	
	7		5			1		

516

8					1	3	2	
	6	3		5				8
	2					6		
					2	1	3	5
			5		6			
5	4	7	1					
		6					8	
9				1		5	4	
	5	1	8					3

517

9		3			1			6
						7	9	
			6	3	9		5	
			5	8		4		
8		9				6		5
		5		7	4			
	6		3	9	2			
	9	2						
5			1			9		4

518

				1		7		
8	2				4			6
	9	7			6	2		
3	7		4					
		8		2		6		
				1			7	8
		5	2			9	1	
9			1				3	5
		1		4				

519

8			1				7	
	6	7						
		2	8	5		3		
			5			8	2	
	2		3		4		9	
	3	5			2			
		1		7	5	9		
						2	1	
	7				1			6

520

1	8		2			7		
6				1	9	8		
	2				5	3		
8			5					
		7		2		5		
					3			1
		1	3				9	
		6	1	9				7
		8			2		4	5

521

1								6
			1	8	3	4		
2	3		4					
	9	5		1				7
			9		8			
8				7		9	3	
					5		9	2
		1	6	9	7			
9								3

522

		3	2		9			7
8								
7			8				5	9
		5	9	8			7	
		2				1		
	4			7	3	9		
3	9				6			1
								3
5			3		4	7		

523

	4		9		6	5		
		2	8					9
6			1			3		
9		6	5					
	2			6			4	
					2	6		1
		9			7			6
2				1		4		
		5	4		9		7	

524

				6	8		1	
3	8					7		
6			9	7		8		
1			4			3	2	
			1		3			
	9	3			2			1
		1		2	7			6
		6					7	9
	5		6	4				

525

			9			1		7
4		6		1				
1	9						8	
9		7		2	8			
	4						6	
			5	4		7		2
	2						3	9
				6		8		5
8		4			5			

526

				5	6	1		9
4			3					
		1	4					5
3						7		
			1	8	2			
		6						8
7					9	8		
					5			3
5		4	6	7				

527

	3					9	7	
	5	7			8			
9				1	3			5
4	6		9					
		8		2		6		
					7		5	4
6			8	4				3
			2			1	4	
	8	4					6	

528

7	9		5		8			
						8		6
8	6			2		5		
3			1		6			
	4						6	
			2		3			7
		5		3			2	1
1		7						
			7		4		8	5

529

		6			3	7	8	
		4	5	6			3	
	3		4					
		8		3	2		5	
3								9
	6		1	5		8		
					5		6	
	9			4	1	5		
	8	5	3			4		

530

			3				5	7
	6	1		5				8
5					4			
		5		3		8	4	
4			1		5			2
	3	2		7		5		
		9						1
2				1		6	7	
1	8				2			

HARD

531

						5		4
3	2			8		1		
					1		2	
9	6		2		4			
2	4						7	5
			1		9		6	2
	1		6					
		7		1			4	8
5		4						

532

	2	7		4	5			
6	3		2			4		
					6			5
		3			1			
	1			3			8	
			5			9		
2			9					
		1			8		6	3
			6	1		8	7	

533

	9			4	6			
7		6		8				
					3		1	5
	8		3					2
		5	8		4	3		
6					7		8	
4	6		9					
				1		4		9
			4	3			7	

534

2							1	
	1	3	9				4	
		4	2					3
7					8	5		9
	9			5			3	
3		2	6					4
4					1	3		
	2				6	7	5	
	3							1

535

		5			9			6
	4		2					
3				8			9	
5		1		9				
6			3		4			1
			7		5			2
	8			6				3
				3		4		
2			5			8		

536

		9	8	1				5
	3	8					1	
	7				4			
				4	9	6	2	
9		2				5		3
	6	4	2	8				
			5				8	
	9					1	3	
7				9	8	2		

537

8			9				1	6
			6		3			
	6					3		2
				9			4	3
		4	8		7	6		
1	9			4				
4		7					3	
			2		9			
2	1				4			5

538

	8	3					5	
				7	1			
7			1	6			8	
9	2				4			
5				8				4
			9				7	2
	7			2	8			6
		9	6					
	5					8	3	

HARD

539

	9	2						
	5		9		3		1	
						9		7
3			4	1		2		
	7						3	
		8		5	6			4
5		6						
	4		1		2		9	
						8	6	

540

2				1				
	3		8		5	4		
7						2	8	
					8	5	6	
		3		6		7		
	6	2	7					
	2	6						5
		5	2		3		1	
				9				3

541

4		5	6					
				4	3	2		5
	8							4
	7				1			8
		9		8		6		
1			3				2	
2							4	
6		7	2	3				
					5	9		2

542

8					3	1	7	
				6			9	
7			4					5
		3	2			6		
		8	1		5	2		
		9			4	7		
2					6			7
	5			4				
	6	1	3					4

543

2	4	5						
		6	5				8	9
					7		6	
3		1			6		9	
8				5				4
	6		9			1		5
	1		6					
5	2				8	7		
						9	4	3

544

	9				3			7
		8		6				3
6					4	8		
	1	4	5	9				
	2	6				7	9	
				7	6	1	5	
		7	3					2
9				2		4		
2			8				7	

545

		5			6		2	
						7		1
7			8	1			3	
		7	1			9	4	
2				7				3
	3	1			2	5		
	1			8	5			7
5		6						
	7		4			2		

546

		1			7		2	3
				3		4	8	
8					5			
					8	3	9	4
6				2				8
7	8	9	3					
			5					7
	5	6		7				
2	7		1			9		

547

4			5	7		1		
	8		2					
	6				9	4		
8				4			1	3
		9	6		1	7		
1	4			8				2
		8	1				4	
					7		5	
		3		2	5			1

548

1			7					
7	4			1			6	
		6	4		5		7	
		7				8	5	
			3	4	2			
	3	1				4		
	7		9		6	1		
	9			7			3	4
					4			7

549

1	9			7				
			3				7	
		3			8	1	6	
4				2			9	
9			1		5			7
	6			4				3
	2	5	4			9		
	1				6			
				5			4	8

550

		5	9					
7		4	5				8	
	1				8		7	5
	7			9	5			8
		3				9		
5			4	8			1	
3	5		8				6	
	2				1	5		7
					2	8		

551

			3		8	9		
		5		6				4
9		8	2				1	
		9	5				8	
	7			8			9	
	2				9	4		
	5				6	2		8
4				3		1		
		6	4		5			

552

		5			8	6	2	
	4		9	7				
		8			2			4
6					5		7	
		7		6		9		
	2		7					5
1			3			2		
				9	4		1	
	7	9	6			3		

553

		4	2			8		
				7	9			
	8	5						9
	4	2					8	
			3	9	2			
	3					1	5	
8						5	6	
			7	6				
		7			1	4		

554

1							2	
		9			8	3	1	
	3		7			9		
7	1			8		2		
				9				
		2		6			4	5
		1			6		8	
	8	3	2			4		
	7							6

555

		6		2				
			7		9		5	
4					1	9	2	
3		8			4		9	
	4			9			1	
	5		8			3		4
	7	4	1					9
	1		9		8			
				3		5		

556

			2	5		3		4
		1					2	6
	2	8			6			
2					5	6	4	
				2				
	3	6	9					2
			5			4	1	
8	9					7		
1		4		3	9			

557

	2							
		7	6					5
		6	2			7		4
	9			7			5	
		3		1		9		
	1			2			8	
3		2			5	6		
1					2	8		
							1	

558

		6		3				8
1							7	
3			5		6			1
		7	6	2			1	
	3						9	
	2			7	9	6		
5			8		4			7
	1							5
7				1		2		

559

			8	1			5	6
	3	8			4			9
		1					7	
		5	6	3		7		
		7		5	2	4		
	8					2		
5			2			9	1	
9	1			8	5			

560

	4				5		7	1
	2				8			3
7				9				6
		2			7	6		
	9			6			4	
		6	9			7		
3				5				7
2			4				6	
5	8		3				2	

561

	3				6	1		
		6		4	8			
		8		3			6	9
1					9		2	
			7		3			
	8		4					5
2	4			9		6		
			3	8		7		
		9	6				3	

562

		5	4	9		3		
7	6			8				
			5			4		
					5		9	
		1	6		9	7		
	8		3					
		2			6			
			5				1	9
		9		4	8	6		

563

		3	5				1	
	1		6					8
		2	1	7				
5		7			1			4
				3				
8			4			1		6
			1	9	6			
2					6		8	
	5				7	9		

564

7	2							
9			4	8			3	
			7			1	6	
						3	1	8
			8	9	3			
4	3	8						
	1	5			4			
	4			2	6			9
							4	1

565

	4				1			
					2		7	
	7	9	4					3
9			6					7
		8		5		1		
2						9		6
4					8	7	9	
	8		9					
			5				1	

566

	4	2	6	3				
							1	6
		9	8				4	
9					5		6	
		7	9		6	8		
	5		4					2
	9				8	7		
7	2							
			9	2	4	8		

HARD

567

9					6		4	
		6		8				
	7		5			9		6
		1		3	7			
3	8						1	4
			1	2		6		
4		3			1		9	
				5		1		
	1		3					5

568

4			3	8				9
			2		9			
7	8					5		
		4	8	2				
	1						3	
			9	6	4			
	1						4	5
			6		8			
8				1	2			7

569

		7	8	9		5		
1	4						3	
								7
					9		5	6
		9		2		3		
8	3		4					
3								
	5						9	8
		8		6	5	1		

570

		7	1		8			9
		3					2	
	2				7	8	6	
				9	1			4
		8				1		
4			8	5				
	6	5	2				7	
	7					3		
8			9		3	6		

571

	8		6			3	9	
					4	6		
		2		5				
4		9	5				8	
7				4				2
	3				2	9		7
				6		2		
		1	2					
	5	6			3		1	

572

5	8				3			
		6		1			7	
		4	7			8		
4					7		9	
3				5				2
	5		8					6
		9			1	6		
	1			6		2		
			3				1	9

573

2					7			5
	7				6	9		
8		3		4				
5	2						3	
			5	6	3			
	8						5	4
				5		4		2
		8	1				9	
6			3					7

574

	9		8			7		
8	1						4	
	3				5			1
6		2		5		3		
				8				
		3		6		5		2
4			7				2	
	2						9	4
		1			4		5	

575

6		8				4		
			4					3
				1			8	7
	3		2	4			1	
		6				7		
	4			3	1		6	
3	9			6				
5					2			
		1				5		9

576

	3	4						7
			4			8		1
2			7	6				
		2			3		1	
	7			9			8	
	5		2			4		
					6	1		4
6		3			2			
4							9	6

577

		7				2		4
	6			8	5			
					2		3	
4					3	9	6	
		9		4		3		
	5	3	8					1
	9		1					
			2	3			1	
3		6				7		

578

6					4		5	
						1	7	
	3		5	1				4
		8	7				2	
		3	9		6	5		
	6				8	7		
2				8	7		6	
	4	6						
	8		6					1

579

			8		5		
7			2				9	
	4		1		5			8
4					1	3		
9				2				4
		1	3					5
5			4		2		6	
	3				9			1
		6		1				

580

	3	5		8		6		
	6		3					
7					5		1	9
	9			2				
5			7		3			2
				5			8	
2	5		4					8
					8		6	
		1		3		9	4	

581

8			2		4	3		
		1						
4	2						6	
6		5			1	7		
				5				
		7	4			2		6
	3						8	2
						5		
		4	7		9			3

582

				1		4		
2		1				6		
3					8	2	5	
5	2				6			3
				5				
4			3				1	7
	9	4	7					5
		2				3		6
		8		6				

HARD

583

		8	5				2	4
7	5			3				
			8					
	4	6	3					9
9				4				8
3					7	4	6	
				5				
			1				8	7
5	1				6	3		

584

	2				7			
			1			8	7	
	8				6		3	4
2				8	1	4		
9								1
		1	7	2				5
7	6		4				5	
	9	2			3			
			9				2	

585

	5			9			1	7
7		6			8			
			1					
4	7		9			1		
1				3				4
		5			1		6	9
					2			
			5			7		8
6	3			8			2	

586

	1		3				7	
	2					9		5
6		5		2				
			8	6	5	1		
1								6
	3	6	1	9				
				3		7		8
2		3				5		
	6				2	4		

587

			3					1
		3		8	7	9		
	2	4	1					7
	6			1	9			
		1				5		
			8	5			4	
2					1	4	3	
		9	5	4		2		
1					2			

588

	7							9
3					4	8		
	5		1		7		6	
				1		4	2	
1				4				6
	3	2		9				
	9		6		2		4	
		8	4					7
5							9	

589

	9							5
7				1	5			
5	8				3	1		
4		8	3					
	3			4			6	
					1	3		2
		7	1				9	3
			8	5				4
8							2	

590

2					5			9
		9				2		4
	8	7			9		5	
			6		8		2	3
6	2		4		1			
	9		8			1	4	
8		6				9		
7			2					5

591

7	1							
				9		6		
		9		7	2			4
	4	5	6					3
			9		7			
6					5	2	1	
4			2	3		9		
		8		5				
							2	6

592

	4	1	9					
9					6	2		
				1			9	5
	8				7			3
	9			5			6	
7			2				8	
8	2			6				
		7	3					1
					8	3	2	

593

		2					7	
5		3				2		
	1			3	5		4	
6			7					9
		8		5		6		
9					6			5
	8		5	4			6	
		1				7		4
	5					1		

594

			2	9	3		6	
								7
4	8			6				
				8	7	4		
		3	1		6	8		
	5	4	2					
			7			5	4	
2								
5		9	8	1				

595

4				6	8		5	
		8				6	3	1
			1					
7			6		2			
	8	9				5	4	
			4		9			6
					1			
1	2	4				8		
	5		3	4				9

596

|

|
		9	7					4
					2		1	3
3		5					9	
				7			8	
		8	5		4	3		
	9			6				
	3					9		5
9	6		3					
4					8	7		

597

6				4	7			5
	8			1		4		3
						6		
	1				5	2		
		7	4		2	5		
		2	7				3	
		3						
1		4		2			5	
8			9	7				1

598

		9	2		6			4
8						3		5
	4							
	7				5	9		8
		5	4		8	2		
3		4	1				6	
						5		
4		7						1
9			6		4	8		

599

		6	3					7
	9				5		3	4
			4		9			
5			7					6
	3		8		6		5	
2			1					8
		1	8					
9	7		2				8	
4					1	7		

600

9	4			2		6		
5					3			
6					1		3	
4	7	9	8					
				7				
					6	7	4	9
	5		6					2
			3					1
		8		9			7	6

601

				9	5	4		
7			4				5	
5			8					6
					4		6	1
	5			3			8	
2	6		7					
3					2			8
	2				8			3
		5	9	4				

602

1							6	2
	7	9			2			
					1	7		4
	6		4			1		
		1	7		8	3		
		4			3		7	
5		8	2					
			1			5	2	
4	9							1

603

		7				5	3	2
	2		7			1		
6		5	1					
8	7			6				
	9			7		8		
			8				9	4
				9	2			3
		1		2		5		
2	3	9				4		

604

3			4		8		1	
			7					
	8	7		1		4		
	5		6	2		1		
	1						6	
		2		8	1		5	
		5		6		9	2	
					7			
	3		1		5			8

605

	5		9			6	8	
6			3					9
				8				5
		2	4			1	9	
	3			7			6	
	6	7			8	2		
8				4				
9					6			1
	4	6			9		2	

606

5	7							
2			9			4		7
		4	3	2				1
		8	1			6		
		2		6		1		
	6				4	8		
6				4	1	2		
8		7			2			6
							4	9

CHALLENGER

607

			1	9	3			
5		6	8				3	
	3					7	2	
3		5		1				
		8	7		2	1		
			4			3		9
	8	3					1	
	7				1	4		3
			3	7	6			

608

6	9			3				5
			7	2		6		
		7					4	1
		5	4		3			
3								6
			5		1	3		
4		6				7		
		8		5	7			
7				4			2	8

609

		7						1
		1		7	9		5	
	9				1	8		7
		8			5		4	
7			8		6			3
	6		1			5		
3		9	2				8	
	8		5	6		3		
4						2		

610

9	1					8		
			4	1	8			3
		4	2					
		9	1				5	
4				5				9
	6				9	2		
					2	4		
7			9	8	1			
		2					1	5

CHALLENGER

611

	5				3	9	7	
3		9						
				1				
		6	3				8	
	1		6		9		3	
	2				4	5		
				8				
						1		7
	6	2	1				5	

612

	6			3	5		4	
		3			4			
		9	8				1	2
	7							1
			6	5	7			
9							5	
5	8				2	6		
			5			8		
	9		4	6			7	

613

3	1				6		2	
		8			1			
		2		7		3	6	
6				1				7
	7		9		8		5	
8				4				9
	8	5		2		7		
			1			8		
	9		6				1	3

614

2	9			1		3		
			5		3		2	
		6			9		8	1
		8	6	9				2
9				5	4	6		
1	8		9			4		
	4		1		7			
		9		8			1	6

CHALLENGER

615

	8	1						
7			6				9	
	6			5	7			2
3		2	5					4
	7			6			2	
6					4	7		5
2			9	4			8	
	5				1			7
						2	5	

616

5			7			1		3
6					5		8	
	2		3			6		
	3		2			4		
7				5				2
		2			4		3	
		7			2		1	
	8		6					9
2		1			7			8

617

7			6					
	5	4	2	7				
2						4		7
		1	4			6		
	6			8			1	
		8			9	7		
4		7						2
			4	1	9	7		
				3				6

618

		8	3		6		2	
				8				3
6	3					7		
	5		4					1
1				2				8
8				9		3		
		9					1	6
4			5					
	8		7		1	3		

619

		5	9				7	
					8	5		9
	2	9		7	5			
			4	2				3
	1						6	
3				5	6			
			2	9		1	4	
2		4	5					
	6				4	2		

620

	6	2			7			4
		3		8			7	
		5			1			9
			3	9			8	
	3	9				7	4	
	8			4	5			
4			1			2		
	5			2		3		
3			8			4	6	

621

		1			5			
		7		3		2		5
5			7					3
	7			8		6		9
	1		4		3		5	
9		4		6			3	
2					6			4
7		3		1		5		
			9			3		

622

					6	9		
		6	3			4		
2			5				3	7
	8			2		7		5
	4		8		5		6	
5		2		6			1	
7	2				4			3
		8			3	1		
		1	7					

623

		8	3	7			5	
	7					3	6	
1			4		9			
7		3	8					
		4		9		8		
					5	4		7
			6		7			9
	4	2					7	
	8			1	2	5		

624

	6	2	8					
		9			3			7
		8	6	4			3	
1			7			5		
2				5				8
		6			1			4
	7			6	2	4		
6			3			2		
					8	6	7	

625

4					9			3
	6						9	4
	3	9		8	6			
				9	3		4	
9		4				1		5
	8		7	1				
			9	3		7	1	
8		3					5	
7			8					2

626

	9			6				7
4					1			
	7				9	2	6	
3	8		2					
7				8				6
				5			1	8
	3	6	4				5	
			3					9
9				5			8	

627

	4			8		3		5
		2	5			1		
			1		3		7	
	5				8	7		
	2			3			1	
		3	4				5	
	9		3		1			
		6			4	8		
3		5		9			6	

628

		1	6			2		
	7			9	4	1		
					7			9
		6	5				3	2
			8					
5	3				6	4		
3			4					
		7	1	3			4	
		5			2	7		

629

1				2		5	4	
			1		6			
7			5				2	
	1				9			2
		9		7		1		
5			2				3	
	7				1			5
			6		8			
	3	1		5				8

630

	5		7			3		8
9	4				8			
		2	6	1				
6					3			
		1		7		2		
			4					6
			9	7	8			
			5				6	3
8		9			4		7	

CHALLENGER

631

5	4			1	8			
		1					2	3
	2				3	5		
					5			8
	3		4		1		5	
2			6					
		4	1				7	
6	9					2		
			8	5			3	4

632

	3			5	2	8		
		7	1					3
			9					4
	1		5					2
	2			1			8	
6					7		9	
8					1			
1					9	6		
		4	6	2			3	

633

					4		5	6
			5			8		
6	7			2			3	
		1			8		2	
		4		7		5		
	6		1			4		
	8			5			7	9
		3			2			
5	1		9					

634

	1							4
	3	7	1					
8				3	5			6
		6	4				8	9
				5				
4	8				9	1		
2			6	4				1
					7	4	9	
1							2	

635

8					3		9	
7				9		6		
2	4		5				3	
		7	4	3				
		5				3		
			1	6	5			
	8				2		7	9
		2		8				3
	3		7					6

636

	6		9	8		2		
8			6					
	7						6	8
6				5			9	
		7	1		6	5		
	3			4				1
9	2						5	
					8			4
		6		9	1		3	

637

		7						1
5			9	7	1			
	8		2					7
4		6			3	2		
				4				
		3	8			1		6
3					8		9	
			4	3	9			5
1						6		

638

	5	4			6			2
	3			8	7			
8							5	
1					3			
		5		2		6		
			8					3
	9							4
			9	1			6	
2			4			5	9	

639

3	5					8		6
		1	3				9	
	2		8		5			
	7		5	1				
		5				1		
				2	3		5	
			2		1		7	
	8				9	4		
1		2					6	9

640

8				2			9	7
			6				1	
		2			4			3
		9	7				8	
1				4				6
	6				1	3		
3			5			7		
	2				3			
4	5			6				9

641

8			2		7		6	
	5	7		9				
		6	1			5		
	9							1
			8	6	2			
5							4	
		5			4	1		
				7		2	3	
	7		3		9			5

642

		1				6		
5				3	8			
	2			1		4	9	
	3		5		9			
6	1						2	9
			8		1		4	
	6	5		8			1	
			2	4				6
		3				7		

CHALLENGER

643

			6	3				8
4		3						5
	6				5		1	
	3		2				6	
9			4		3			7
	5				9		3	
	1		8				4	
8						2		1
6				1	7			

644

		6		2				9
7			9				8	
	4				7			
9			7		6	8		
6								5
		1	3		8			7
			5				3	
	6				3			4
5				1		6		

645

6	7			5			4	
	8			4		1		3
		4						
	1	2			5			
		8	4		7	6		
			1			7	9	
						9		
2		7		6			3	
	3			8			2	7

646

		6					4	
			8	6		1		
7					3			6
4	2		9				6	
	7			4			5	
	3				1		8	4
9			6					5
		1		5	9			
	6					4		

647

	8							1
	7			3	6			
6			8			9		2
7					2	4		
	5		3		4		1	
		9	6					7
5		6			7			4
			4	6			2	
4							9	

648

			8	9	5			1
2						6		
		9		6		8		
	2				7		3	
7			2		6			5
	4		5				6	
		7		5		2		
		8						6
4			6	1	3			

649

					9			
	2					9		3
	4		3		6		8	
		1		6			4	9
6				2				5
9	5			8		7		
	9		8		1		5	
5		8					7	
			6					

650

							7	
		3			6	5		8
	1		8	3		9		
			4			3		1
			2		7			
4		8			5			
		6		4	3		9	
5		4	9			7		
	3							

651

9			4				5	
		2			8	1		
				6	1		3	
4				9	5			
		7				9		
			2	7				8
	6		7	5				
		9	8			6		
	1				9			5

652

		8	1				6	
6		2		5			3	
	4					1		
5				8				2
			4		3			
9				7				8
		7					8	
	8			1		5		9
	9				7	6		

653

			6		9			5
6		8		2				
		2				7	6	
3								8
			1	4	3			
4								9
	6	7				1		
				9		4		6
2			8		6			

654

				5		7		9
	6			7		3		
7			9					8
	4				2			7
			6		8			
1			7				4	
9					6			1
		5		3			8	
4		6		8				

CHALLENGER

655

		1	3			4		6
6			2					
		9			8		1	
	5	2		8				
				7				
				3		2	9	
	2		5			9		
					1			3
4		5			3	8		

656

3			4			2	5	
				9		6		
6	8							
4	3		9					
	5			4			7	
					2		9	5
							1	4
		9		2				
	1	5			4			8

657

							5	
		5			3	8	9	
	3		2					4
		4	1	6				8
	9						2	
6				3	9	1		
4					8		1	
	8	7	9			2		
	6							

658

				8			1	
1					6		4	
	7		2					6
5				9	3	2		
9								5
		2	8	7				9
6					9		8	
	4			7				1
	3			6				

659

		1	3					
6		9				8		
2					8		1	
7			4				3	
8				1				2
	6				3			5
	9		1					6
		8				9		4
					4	7		

660

6		5						7
3				7	2		6	
					5	2		
			9	4			1	
	8						2	
	1			6	8			
		4	1					
	7		8	9				1
1						8		3

661

		1				5		6
			4	8		7		
	8						4	
5					6			8
6				1				5
3			9					2
	4						6	
		2		7	9			
7		3				9		

662

		4	6				3	
	9				2		8	
1			7					2
		8	2	9			6	
	2			5	1	3		
8					5			6
	7		4				1	
	1				7	2		

663

				8			5	2
1	5					6		
	7				6	1		
8					2			
	4			7			8	
			9					3
		4	3				9	
		9					2	6
3	6			1				

664

	9			5		2		
1				2				3
8			9				7	
	6		3			5		
		9	5		4	3		
		3			2		6	
	5				9			2
2				7				4
		1		8			3	

665

		3			8		5	
	5		2			8		
2	7			5				
7			1				6	
3				8				4
	9				5			8
				7			4	1
		6			1		9	
	3		5			2		

666

8		3			6	5		
4				1				
6				5			3	8
			6			8		
	7		4		2		6	
		8			9			
1	3			9				2
				4				5
		2	8			3		7

667

6			2	3			9	
	5				7	4		
1		9						
2			7			9		6
				4				
9		3			8			5
						8		7
		6	5				2	
	1			8	2			9

668

			6			1	4	
6	7						9	
			8		4			7
		6			1	7		
8				3				2
		1	7			5		
7			4		8			
	1						5	6
	3	5			2			

669

	4		8		6			
		1				2		
	6	7		4				9
			5				2	3
		6		9		7		
1	2				7			
5				3		4	6	
		8				1		
			7		2		9	

670

		2	4				1	
5	1				8			
9			7					4
			9			2	7	
	9			3			8	
	5	8			4			
4					3			8
			8				6	2
	2				6	9		

671

	5		8		6	2		
	6		4					
7	8			1		4		
	4		6					9
				3				
5					1		4	
		4		9			8	5
					8		7	
		9	1		5		6	

672

	2		8			3		5
		8					6	
	3		5	9				7
					6			4
		7	2		5	9		
8			4					
2				1	8		9	
	8					5		
7		6			4		2	

CHALLENGER

673

	1				3	9	5	
			4					7
4				5		2		
1					2	3		
	6			9			1	
		4	8					5
		3		8				1
9					5			
	8	1	6				3	

674

1		3		5	9			
	6		7				9	
2								7
7			8				6	
		9		2		4		
	5				7			2
6								9
	2				5		4	
			2	1		7		6

343

CHALLENGER

675

					2		1	6
		5	3			7		2
2				4				
		3	2				6	4
				6				
5	4				9	8		
				8				3
6		1			3	5		
8	3		5					

676

2			9	7				8
			8			4	6	
	1							
	7			1	9		8	
		5				2		
	2		5	4			9	
							4	
	3	6			8			
1				3	6			5

677

	8		1	5				
2	5					7		
		3						9
9	2		3					6
	3			4			5	
8					2		1	3
3						8		
		6					3	5
				3	1		2	

678

	5	6	3					9
9					8	2		
1					5			
	1	2			7			8
				1				
8			2			4	7	
			4					7
		3	7					6
5					3	9	8	

CHALLENGER

679

		7		4			5	8
			9			6	1	
5		3	8					
				9			7	
4			5		3			2
	6			8				
					8	5		6
	5	6			4			
1	2			5		3		

680

6	9			3				
			8		2	6	5	
		2			1			
3			9					2
	8			7			1	
5					4			6
			1			3		
	3	4	7		9			
				8			4	7

681

		1	9			5		
					7			3
8				2				
9				7	2		5	
6	2						7	9
	5		4	6				2
				8				6
7			3					
		8			4	3		

682

		1						
4				9		2		8
			4			3	6	
	3	5			7			6
			3		4			
8			5			1	3	
	7	2			6			
3		8		2				5
						9		

683

4		3				6		
	1					2		
2			7	3				8
					5	9		7
	8			6			2	
5		7	8					
8				9	1			2
		4					6	
		2				3		9

684

6		9			3	5		
			8				3	
	3	7						4
3					9	1		
	4			2			8	
		8	1					3
2						4	6	
	8				7			
		3	9			8		2

685

	5		1					
	3	8			7	1		
		4	8				3	2
			6					8
	4			9			2	
6					8			
3	1				5	2		
		7	4			3	9	
					2		1	

686

	7			4		5		1
4	8				3			
			6					
		8	7				5	
		3	8		6	4		
	9				1	8		
				2				
			1				3	2
5		2		7			9	

687

	6	5	9		4			
3						4		2
		2					5	
5			1			9	3	
				4				
	9	6			5			7
	8					5		
7		3						4
			3		1	7	6	

688

7		2	3				1	
		4			7			
3								2
	5			6	9			
9		7				3		4
			7	2			8	
2								8
			6			4		
	7				5	2		6

689

		7		8	2		6	
8	5				3			4
	2							
		2			9	7		
	4			6			1	
		9	5			3		
							9	
6			4				3	8
	1		3	9		4		

690

		1		9	7	6		
7			3			8	9	
							7	
	5				2			4
8				5				9
3			7				1	
	7							
	1	2			8			3
		8	6	4		1		

691

		1			9			
	3			7				
7			6				1	4
	6		8					9
	5			1			7	
3					2		5	
2	7				6			1
				5			2	
			4			6		

692

				3	1			
		2				3		9
	7		5			8	2	
					8	9	5	6
			5					
5	9	6	4					
	6	7			4		3	
8		9				2		
			3	8				

693

		6		4			7	
8	2		7			5		
			1				8	
				7	4	9		3
6		9	2	8				
	4				7			
		7			5		3	8
	3			6		2		

694

			4			9		
		4		3				7
		3	5		1		6	
7	5		9					
		6		4		2		
					5		7	1
	6		8		2	3		
1				6		5		
		8			4			

CHALLENGER

695

4					3		6	
7			8				9	
8					6	7		
9					2		5	
		3		1		6		
	1		6					9
		2	7					1
	7				8			2
	9		4					6

696

1			2	9				
	7	2				1	8	
		4	1		7		2	
					6	3		
	6			1			7	
		8	5					
	3	1	9			4		7
4	2	7	6	5	1	8	3	9
			3	4	2			1

Answers

1

4	8	1	9	2	5	6	3	7
9	3	7	1	6	8	4	5	2
5	6	2	4	3	7	8	9	1
2	4	9	3	1	6	5	7	8
7	1	8	5	9	2	3	6	4
3	5	6	7	8	4	2	1	9
1	9	4	8	5	3	7	2	6
6	7	3	2	4	9	1	8	5
8	2	5	6	7	1	9	4	3

2

2	1	5	8	9	7	6	4	3
3	6	9	1	4	2	7	8	5
4	8	7	5	6	3	9	1	2
1	5	3	4	2	9	8	6	7
8	9	4	7	5	6	2	3	1
7	2	6	3	1	8	4	5	9
9	4	1	2	8	5	3	7	6
6	7	8	9	3	1	5	2	4
5	3	2	6	7	4	1	9	8

3

4	7	1	2	6	8	3	5	9
9	5	8	1	3	4	2	7	6
3	6	2	9	5	7	1	8	4
8	4	6	7	2	1	5	9	3
5	1	7	3	4	9	6	2	8
2	3	9	5	8	6	4	1	7
1	8	3	6	7	2	9	4	5
7	9	5	4	1	3	8	6	2
6	2	4	8	9	5	7	3	1

4

9	2	6	4	7	3	8	5	1
5	3	1	2	8	9	4	7	6
7	8	4	1	5	6	3	2	9
8	6	3	7	2	1	5	9	4
4	7	5	9	3	8	6	1	2
2	1	9	5	6	4	7	8	3
3	4	2	8	9	7	1	6	5
1	9	7	6	4	5	2	3	8
6	5	8	3	1	2	9	4	7

5

7	3	5	6	2	4	9	1	8
4	9	2	1	7	8	5	3	6
8	1	6	9	3	5	7	4	2
5	6	3	7	4	1	2	8	9
1	2	8	5	9	6	3	7	4
9	4	7	2	8	3	6	5	1
3	5	1	4	6	2	8	9	7
2	7	4	8	5	9	1	6	3
6	8	9	3	1	7	4	2	5

6

4	6	8	1	7	2	9	3	5
2	1	3	9	6	5	4	7	8
7	5	9	8	4	3	6	1	2
8	7	5	2	3	6	1	4	9
3	4	6	5	9	1	8	2	7
9	2	1	4	8	7	5	6	3
6	8	2	3	5	4	7	9	1
1	9	4	7	2	8	3	5	6
5	3	7	6	1	9	2	8	4

7

2	1	5	8	4	6	3	9	7
4	7	6	9	1	3	2	5	8
9	3	8	2	5	7	4	6	1
3	8	7	6	2	5	9	1	4
6	5	4	7	9	1	8	2	3
1	2	9	4	3	8	6	7	5
8	9	1	5	6	4	7	3	2
7	6	3	1	8	2	5	4	9
5	4	2	3	7	9	1	8	6

8

1	5	9	7	8	3	4	2	6
3	2	8	5	6	4	9	7	1
6	7	4	1	2	9	3	5	8
8	4	1	6	3	7	2	9	5
7	6	2	9	5	1	8	3	4
9	3	5	8	4	2	6	1	7
2	1	6	4	9	5	7	8	3
4	9	7	3	1	8	5	6	2
5	8	3	2	7	6	1	4	9

9

9	6	2	3	4	7	5	1	8
7	5	4	8	9	1	3	6	2
1	3	8	6	5	2	4	9	7
5	8	1	2	3	4	9	7	6
2	9	7	5	8	6	1	3	4
3	4	6	1	7	9	8	2	5
6	1	9	4	2	8	7	5	3
8	2	5	7	1	3	6	4	9
4	7	3	9	6	5	2	8	1

10

2	8	6	4	3	1	5	9	7
5	3	4	7	9	2	8	6	1
7	1	9	5	8	6	3	4	2
3	5	7	1	6	9	4	2	8
1	4	8	2	7	5	6	3	9
6	9	2	8	4	3	1	7	5
8	7	5	3	2	4	9	1	6
9	2	3	6	1	8	7	5	4
4	6	1	9	5	7	2	8	3

11

5	1	8	3	9	6	2	4	7
2	7	3	5	8	4	9	6	1
9	4	6	7	1	2	8	5	3
1	8	7	2	6	3	5	9	4
4	9	2	8	5	7	3	1	6
6	3	5	9	4	1	7	8	2
7	5	4	1	3	8	6	2	9
3	6	9	4	2	5	1	7	8
8	2	1	6	7	9	4	3	5

12

6	3	4	7	8	2	5	1	9
9	1	7	3	6	5	8	2	4
2	8	5	4	1	9	3	7	6
1	7	3	6	5	4	9	8	2
4	2	6	8	9	3	7	5	1
5	9	8	2	7	1	4	6	3
8	6	2	9	4	7	1	3	5
3	5	9	1	2	8	6	4	7
7	4	1	5	3	6	2	9	8

13

9	1	8	3	4	2	6	7	5
3	5	7	6	9	8	1	4	2
6	4	2	5	1	7	8	3	9
7	6	5	1	3	9	2	8	4
2	9	3	8	5	4	7	1	6
1	8	4	2	7	6	5	9	3
4	7	1	9	2	5	3	6	8
5	3	6	4	8	1	9	2	7
8	2	9	7	6	3	4	5	1

14

9	3	5	4	2	1	8	6	7
4	7	8	3	5	6	1	9	2
1	6	2	8	9	7	4	5	3
7	8	6	9	3	5	2	4	1
5	4	9	1	7	2	6	3	8
3	2	1	6	8	4	9	7	5
8	1	3	5	4	9	7	2	6
2	5	4	7	6	8	3	1	9
6	9	7	2	1	3	5	8	4

15

8	4	9	2	5	6	3	7	1
1	2	6	4	7	3	8	9	5
7	3	5	8	1	9	2	6	4
6	1	7	9	8	4	5	3	2
4	5	3	6	2	1	7	8	9
9	8	2	7	3	5	4	1	6
2	6	8	1	4	7	9	5	3
5	9	4	3	6	8	1	2	7
3	7	1	5	9	2	6	4	8

16

1	3	2	5	9	8	4	6	7
5	7	4	6	2	3	9	8	1
8	6	9	7	4	1	3	2	5
9	4	8	1	5	2	7	3	6
2	1	7	4	3	6	5	9	8
3	5	6	9	8	7	2	1	4
7	8	5	2	1	9	6	4	3
6	9	3	8	7	4	1	5	2
4	2	1	3	6	5	8	7	9

17

5	1	3	4	6	8	2	7	9
8	6	7	5	9	2	3	4	1
9	4	2	7	3	1	8	5	6
6	9	1	3	2	7	5	8	4
7	5	8	6	4	9	1	2	3
3	2	4	1	8	5	9	6	7
1	3	5	2	7	6	4	9	8
2	8	6	9	1	4	7	3	5
4	7	9	8	5	3	6	1	2

18

4	6	5	9	1	8	2	3	7
3	8	2	4	6	7	1	9	5
1	7	9	5	2	3	6	8	4
7	2	6	8	3	5	4	1	9
8	1	4	2	9	6	7	5	3
5	9	3	1	7	4	8	6	2
6	5	1	7	4	9	3	2	8
2	4	8	3	5	1	9	7	6
9	3	7	6	8	2	5	4	1

19

6	8	1	3	2	4	9	5	7
3	9	5	7	1	6	8	2	4
4	2	7	9	8	5	3	1	6
2	7	9	6	3	8	5	4	1
5	6	3	1	4	9	2	7	8
1	4	8	2	5	7	6	3	9
7	5	4	8	9	2	1	6	3
8	1	6	5	7	3	4	9	2
9	3	2	4	6	1	7	8	5

20

4	8	2	7	5	9	1	3	6
3	6	9	1	4	8	5	7	2
7	5	1	2	3	6	9	4	8
1	2	4	8	9	3	6	5	7
5	3	8	4	6	7	2	1	9
9	7	6	5	1	2	4	8	3
8	4	7	9	2	5	3	6	1
2	1	3	6	8	4	7	9	5
6	9	5	3	7	1	8	2	4

21

6	2	1	4	3	8	9	5	7
7	5	3	1	2	9	6	4	8
4	8	9	5	6	7	3	2	1
9	1	7	8	5	2	4	6	3
5	6	4	7	9	3	8	1	2
8	3	2	6	4	1	5	7	9
2	9	6	3	7	5	1	8	4
1	7	5	9	8	4	2	3	6
3	4	8	2	1	6	7	9	5

22

1	5	2	9	3	6	7	8	4
9	6	8	4	7	2	1	5	3
7	3	4	5	1	8	6	2	9
8	7	9	1	5	3	4	6	2
3	4	5	6	2	7	9	1	8
2	1	6	8	4	9	5	3	7
4	8	7	2	6	5	3	9	1
5	9	1	3	8	4	2	7	6
6	2	3	7	9	1	8	4	5

23

8	6	4	5	9	7	2	1	3
3	5	2	4	8	1	6	7	9
7	1	9	6	3	2	5	8	4
6	3	7	1	4	8	9	5	2
4	8	5	2	6	9	7	3	1
9	2	1	7	5	3	8	4	6
1	9	8	3	2	5	4	6	7
2	7	6	8	1	4	3	9	5
5	4	3	9	7	6	1	2	8

24

1	9	4	6	2	8	5	7	3
2	3	8	5	7	4	6	9	1
7	5	6	9	3	1	8	4	2
5	4	2	1	8	3	7	6	9
3	8	9	7	5	6	1	2	4
6	1	7	2	4	9	3	5	8
4	7	1	3	9	5	2	8	6
8	6	5	4	1	2	9	3	7
9	2	3	8	6	7	4	1	5

25

4	7	5	8	6	1	9	2	3
8	9	3	4	7	2	5	1	6
1	2	6	9	3	5	4	8	7
5	6	9	7	2	4	1	3	8
7	8	4	1	9	3	6	5	2
2	3	1	5	8	6	7	4	9
6	1	7	3	5	8	2	9	4
9	4	8	2	1	7	3	6	5
3	5	2	6	4	9	8	7	1

26

1	4	2	8	9	6	7	3	5
3	7	9	5	2	1	4	6	8
5	8	6	4	7	3	9	1	2
6	1	7	9	3	5	2	8	4
2	3	5	1	4	8	6	7	9
8	9	4	7	6	2	1	5	3
9	2	1	3	8	7	5	4	6
7	6	3	2	5	4	8	9	1
4	5	8	6	1	9	3	2	7

27

7	3	8	4	5	1	6	9	2
1	9	6	7	8	2	3	5	4
2	5	4	6	3	9	7	8	1
5	2	3	1	9	4	8	6	7
6	7	1	8	2	3	9	4	5
4	8	9	5	6	7	2	1	3
9	4	7	3	1	8	5	2	6
8	1	5	2	7	6	4	3	9
3	6	2	9	4	5	1	7	8

28

3	5	6	7	8	2	9	1	4
1	8	9	6	3	4	2	7	5
7	2	4	1	5	9	6	3	8
4	9	3	5	7	1	8	6	2
2	7	1	8	4	6	5	9	3
5	6	8	9	2	3	1	4	7
6	4	7	2	9	5	3	8	1
9	3	2	4	1	8	7	5	6
8	1	5	3	6	7	4	2	9

29

9	6	1	2	4	5	3	8	7
8	3	4	6	7	9	5	1	2
7	5	2	8	3	1	9	6	4
3	9	6	7	1	4	2	5	8
5	1	7	9	8	2	6	4	3
2	4	8	3	5	6	7	9	1
1	2	9	4	6	3	8	7	5
4	7	3	5	9	8	1	2	6
6	8	5	1	2	7	4	3	9

30

7	3	2	4	1	5	6	8	9
5	8	1	6	3	9	4	7	2
4	6	9	2	7	8	3	5	1
1	5	7	9	6	3	8	2	4
8	4	3	7	2	1	5	9	6
2	9	6	5	8	4	1	3	7
6	7	8	1	5	2	9	4	3
9	1	5	3	4	7	2	6	8
3	2	4	8	9	6	7	1	5

31

9	7	6	2	4	3	8	5	1
3	1	5	6	8	7	4	2	9
4	2	8	9	5	1	3	7	6
6	4	9	7	3	8	5	1	2
7	5	2	4	1	6	9	8	3
8	3	1	5	2	9	7	6	4
2	8	7	3	6	4	1	9	5
1	6	3	8	9	5	2	4	7
5	9	4	1	7	2	6	3	8

32

4	5	8	3	1	9	6	2	7
1	7	3	8	2	6	9	5	4
2	9	6	5	7	4	3	1	8
5	6	2	7	9	1	8	4	3
9	8	4	2	5	3	1	7	6
3	1	7	6	4	8	5	9	2
7	3	1	4	6	5	2	8	9
8	4	9	1	3	2	7	6	5
6	2	5	9	8	7	4	3	1

33

5	1	9	3	8	4	2	6	7
3	8	2	5	7	6	4	9	1
6	7	4	2	9	1	3	5	8
9	4	7	8	5	3	1	2	6
1	5	3	6	4	2	8	7	9
2	6	8	9	1	7	5	4	3
7	2	1	4	3	9	6	8	5
4	9	5	1	6	8	7	3	2
8	3	6	7	2	5	9	1	4

34

2	7	6	3	5	4	9	1	8
4	9	1	2	6	8	7	5	3
5	3	8	9	1	7	2	4	6
1	6	2	4	3	9	5	8	7
7	4	5	8	2	1	6	3	9
3	8	9	5	7	6	4	2	1
9	1	3	6	4	5	8	7	2
6	5	7	1	8	2	3	9	4
8	2	4	7	9	3	1	6	5

35

7	8	6	4	1	5	2	3	9
1	5	2	8	3	9	4	6	7
4	3	9	6	7	2	1	8	5
9	1	8	3	6	4	5	7	2
5	7	3	2	9	1	6	4	8
6	2	4	5	8	7	9	1	3
8	9	1	7	5	6	3	2	4
3	4	5	1	2	8	7	9	6
2	6	7	9	4	3	8	5	1

36

8	5	4	3	7	9	2	6	1
6	7	2	4	1	8	9	3	5
1	3	9	2	6	5	8	7	4
5	9	3	1	2	4	6	8	7
7	4	8	9	5	6	3	1	2
2	1	6	8	3	7	4	5	9
9	8	7	6	4	1	5	2	3
3	6	1	5	9	2	7	4	8
4	2	5	7	8	3	1	9	6

37

5	8	4	9	6	3	2	1	7
9	3	6	2	7	1	5	4	8
1	2	7	4	5	8	6	9	3
8	9	2	3	4	5	7	6	1
7	4	5	1	8	6	9	3	2
6	1	3	7	2	9	4	8	5
2	5	9	8	3	4	1	7	6
4	7	8	6	1	2	3	5	9
3	6	1	5	9	7	8	2	4

38

1	9	8	4	3	6	7	2	5
3	5	2	9	7	1	8	6	4
7	6	4	5	8	2	1	9	3
6	8	7	1	5	4	9	3	2
4	1	3	7	2	9	6	5	8
5	2	9	8	6	3	4	7	1
2	4	6	3	9	8	5	1	7
9	7	1	2	4	5	3	8	6
8	3	5	6	1	7	2	4	9

39

6	1	9	5	8	3	2	7	4
3	5	7	2	4	1	9	8	6
4	2	8	6	7	9	5	3	1
1	3	4	9	5	6	7	2	8
7	6	5	3	2	8	4	1	9
9	8	2	4	1	7	6	5	3
8	7	6	1	9	2	3	4	5
2	4	3	8	6	5	1	9	7
5	9	1	7	3	4	8	6	2

40

2	7	8	9	6	3	1	5	4
4	9	5	8	1	7	2	6	3
1	3	6	4	5	2	8	9	7
6	2	7	5	8	9	3	4	1
8	1	4	3	2	6	9	7	5
3	5	9	7	4	1	6	2	8
9	8	1	2	7	4	5	3	6
7	6	3	1	9	5	4	8	2
5	4	2	6	3	8	7	1	9

41

6	5	2	1	8	9	3	4	7
3	4	8	5	6	7	2	1	9
1	9	7	4	2	3	8	6	5
2	3	6	7	1	8	9	5	4
5	1	4	3	9	6	7	8	2
8	7	9	2	4	5	1	3	6
9	6	1	8	7	4	5	2	3
4	8	5	9	3	2	6	7	1
7	2	3	6	5	1	4	9	8

42

8	3	7	4	6	9	1	5	2
1	6	4	2	7	5	9	3	8
5	9	2	3	1	8	7	6	4
2	8	1	7	4	6	3	9	5
9	4	6	8	5	3	2	1	7
3	7	5	1	9	2	8	4	6
7	1	9	6	8	4	5	2	3
6	5	3	9	2	7	4	8	1
4	2	8	5	3	1	6	7	9

43

5	8	3	7	4	6	1	9	2
6	2	1	9	8	5	7	3	4
9	7	4	3	2	1	8	6	5
2	3	8	5	7	9	6	4	1
1	9	5	8	6	4	3	2	7
7	4	6	1	3	2	9	5	8
4	5	7	6	9	8	2	1	3
3	6	2	4	1	7	5	8	9
8	1	9	2	5	3	4	7	6

44

7	2	5	6	1	4	8	9	3
9	1	4	8	3	7	2	6	5
6	8	3	9	5	2	1	4	7
8	7	2	4	6	3	9	5	1
4	6	1	2	9	5	7	3	8
3	5	9	7	8	1	4	2	6
1	9	7	3	2	6	5	8	4
2	4	6	5	7	8	3	1	9
5	3	8	1	4	9	6	7	2

45

8	7	2	9	4	1	3	6	5
3	6	9	5	7	2	1	4	8
1	4	5	3	6	8	2	9	7
7	2	4	1	8	6	5	3	9
9	8	3	4	5	7	6	2	1
6	5	1	2	9	3	8	7	4
4	9	6	8	2	5	7	1	3
2	1	8	7	3	9	4	5	6
5	3	7	6	1	4	9	8	2

46

2	6	7	8	5	3	9	4	1
8	1	4	9	2	6	7	5	3
5	9	3	4	7	1	6	2	8
1	8	6	3	9	2	4	7	5
7	4	2	1	6	5	3	8	9
9	3	5	7	4	8	2	1	6
6	5	8	2	3	7	1	9	4
3	7	9	5	1	4	8	6	2
4	2	1	6	8	9	5	3	7

47

7	6	8	9	2	4	3	5	1
9	4	2	1	5	3	8	6	7
5	1	3	8	6	7	9	4	2
6	2	9	3	7	8	5	1	4
4	8	5	2	1	6	7	3	9
3	7	1	5	4	9	6	2	8
1	3	6	7	9	2	4	8	5
8	5	7	4	3	1	2	9	6
2	9	4	6	8	5	1	7	3

48

5	1	6	9	7	2	4	3	8
8	7	2	6	3	4	9	5	1
3	4	9	5	8	1	7	2	6
1	8	7	2	9	3	5	6	4
6	9	3	4	1	5	8	7	2
2	5	4	7	6	8	3	1	9
4	6	5	8	2	7	1	9	3
9	3	8	1	5	6	2	4	7
7	2	1	3	4	9	6	8	5

49

5	8	1	3	2	7	6	9	4
4	2	3	1	6	9	7	5	8
9	7	6	8	5	4	3	2	1
7	3	9	5	4	8	2	1	6
2	1	5	7	3	6	4	8	9
8	6	4	2	9	1	5	3	7
1	5	7	4	8	2	9	6	3
6	4	2	9	1	3	8	7	5
3	9	8	6	7	5	1	4	2

50

2	8	5	1	4	7	3	9	6
4	1	6	3	5	9	8	2	7
7	3	9	2	6	8	5	1	4
8	7	4	6	3	1	9	5	2
5	6	1	7	9	2	4	8	3
3	9	2	5	8	4	6	7	1
1	5	8	4	7	3	2	6	9
9	4	7	8	2	6	1	3	5
6	2	3	9	1	5	7	4	8

51

1	4	6	8	5	7	9	2	3
9	5	2	3	4	1	7	6	8
7	8	3	6	9	2	4	5	1
5	3	1	2	7	9	8	4	6
6	2	8	1	3	4	5	9	7
4	9	7	5	8	6	3	1	2
3	6	5	4	2	8	1	7	9
8	1	9	7	6	5	2	3	4
2	7	4	9	1	3	6	8	5

52

3	1	4	5	7	8	9	6	2
7	5	8	6	2	9	3	1	4
6	9	2	3	4	1	7	8	5
9	8	7	1	6	5	2	4	3
1	4	5	7	3	2	8	9	6
2	6	3	8	9	4	5	7	1
4	7	1	2	8	3	6	5	9
8	3	9	4	5	6	1	2	7
5	2	6	9	1	7	4	3	8

53

3	6	7	4	9	1	8	5	2
2	9	8	3	5	7	4	6	1
4	1	5	8	2	6	9	7	3
9	5	4	6	1	2	7	3	8
7	8	2	5	4	3	1	9	6
1	3	6	7	8	9	2	4	5
6	2	1	9	7	5	3	8	4
8	7	3	1	6	4	5	2	9
5	4	9	2	3	8	6	1	7

54

8	9	1	5	4	7	6	3	2
2	7	3	1	6	9	4	5	8
6	4	5	8	2	3	1	7	9
4	5	8	3	7	6	9	2	1
3	1	9	2	8	5	7	4	6
7	6	2	4	9	1	5	8	3
5	3	7	9	1	2	8	6	4
1	8	6	7	3	4	2	9	5
9	2	4	6	5	8	3	1	7

55

2	3	7	8	5	1	9	4	6
8	5	1	9	4	6	2	7	3
6	9	4	7	2	3	1	8	5
1	7	6	2	9	8	3	5	4
4	2	9	5	3	7	6	1	8
3	8	5	6	1	4	7	9	2
7	4	2	3	8	9	5	6	1
5	6	8	1	7	2	4	3	9
9	1	3	4	6	5	8	2	7

56

6	9	2	5	4	1	8	7	3
5	3	8	6	7	2	4	9	1
1	4	7	8	3	9	2	6	5
4	1	9	2	8	3	6	5	7
2	5	3	9	6	7	1	8	4
8	7	6	1	5	4	9	3	2
9	2	5	7	1	8	3	4	6
3	6	1	4	9	5	7	2	8
7	8	4	3	2	6	5	1	9

57

7	6	8	5	2	3	9	1	4
3	2	1	9	6	4	7	5	8
5	4	9	1	8	7	2	3	6
9	3	4	6	7	2	5	8	1
2	7	5	4	1	8	6	9	3
8	1	6	3	5	9	4	2	7
1	9	7	2	3	6	8	4	5
6	5	2	8	4	1	3	7	9
4	8	3	7	9	5	1	6	2

58

5	4	3	1	6	2	7	9	8
6	1	9	5	7	8	3	2	4
7	8	2	3	9	4	6	5	1
8	9	7	2	4	5	1	3	6
1	2	5	7	3	6	8	4	9
3	6	4	9	8	1	2	7	5
9	7	6	8	5	3	4	1	2
4	5	1	6	2	7	9	8	3
2	3	8	4	1	9	5	6	7

59

8	9	1	2	6	3	4	5	7
6	2	5	4	1	7	8	9	3
3	7	4	9	8	5	1	2	6
4	8	7	5	9	1	3	6	2
9	1	3	6	4	2	5	7	8
2	5	6	7	3	8	9	1	4
7	3	2	1	5	4	6	8	9
5	4	9	8	2	6	7	3	1
1	6	8	3	7	9	2	4	5

60

3	4	6	1	9	7	8	2	5
2	5	9	6	3	8	7	4	1
1	8	7	5	2	4	6	9	3
8	9	1	2	6	3	4	5	7
7	6	5	4	8	1	2	3	9
4	3	2	7	5	9	1	8	6
9	1	4	3	7	2	5	6	8
6	2	3	8	1	5	9	7	4
5	7	8	9	4	6	3	1	2

61

9	1	8	2	3	7	5	6	4
5	7	6	9	4	8	3	2	1
2	3	4	6	5	1	8	7	9
4	9	1	8	2	6	7	5	3
7	5	2	3	1	4	6	9	8
6	8	3	7	9	5	1	4	2
8	4	9	5	7	3	2	1	6
3	2	5	1	6	9	4	8	7
1	6	7	4	8	2	9	3	5

62

5	7	9	1	2	4	8	3	6
4	3	2	8	6	9	7	5	1
1	6	8	7	3	5	9	2	4
3	5	4	9	8	1	2	6	7
9	2	1	5	7	6	3	4	8
7	8	6	3	4	2	1	9	5
8	4	3	6	9	7	5	1	2
6	9	5	2	1	8	4	7	3
2	1	7	4	5	3	6	8	9

63

9	6	1	8	4	2	7	3	5
7	8	2	6	5	3	4	1	9
4	5	3	9	7	1	8	6	2
3	7	4	1	2	9	6	5	8
6	9	8	5	3	4	2	7	1
2	1	5	7	8	6	3	9	4
8	4	9	3	6	5	1	2	7
5	2	6	4	1	7	9	8	3
1	3	7	2	9	8	5	4	6

64

6	8	9	1	3	2	5	4	7
1	5	2	9	7	4	8	3	6
4	3	7	8	5	6	2	1	9
9	2	3	6	1	8	4	7	5
8	4	5	3	9	7	1	6	2
7	6	1	4	2	5	9	8	3
3	1	6	2	4	9	7	5	8
5	9	4	7	8	3	6	2	1
2	7	8	5	6	1	3	9	4

65

1	9	2	7	3	6	8	4	5
6	3	8	1	5	4	7	2	9
5	7	4	2	9	8	6	3	1
3	5	1	8	4	7	2	9	6
9	8	6	3	2	1	5	7	4
4	2	7	9	6	5	3	1	8
7	4	3	6	8	9	1	5	2
2	6	9	5	1	3	4	8	7
8	1	5	4	7	2	9	6	3

66

1	8	7	6	3	2	5	4	9
9	4	2	8	5	1	7	3	6
5	3	6	7	4	9	8	1	2
6	2	8	5	1	3	9	7	4
4	1	9	2	6	7	3	5	8
3	7	5	9	8	4	2	6	1
7	5	4	1	2	8	6	9	3
2	6	1	3	9	5	4	8	7
8	9	3	4	7	6	1	2	5

67

8	6	2	9	7	5	4	1	3
4	1	9	2	6	3	7	5	8
5	7	3	1	4	8	9	6	2
9	2	4	3	1	6	8	7	5
3	8	1	5	2	7	6	9	4
7	5	6	4	8	9	3	2	1
1	3	8	6	9	2	5	4	7
2	9	7	8	5	4	1	3	6
6	4	5	7	3	1	2	8	9

68

9	2	3	1	6	5	4	7	8
6	8	4	7	9	2	3	5	1
7	5	1	4	3	8	9	2	6
4	9	5	8	2	3	6	1	7
1	6	8	5	4	7	2	9	3
2	3	7	6	1	9	8	4	5
5	7	9	3	8	4	1	6	2
3	1	2	9	5	6	7	8	4
8	4	6	2	7	1	5	3	9

69

9	6	3	1	2	8	5	4	7
1	5	4	3	9	7	6	2	8
7	8	2	4	5	6	9	3	1
3	9	8	5	1	4	2	7	6
4	7	6	8	3	2	1	5	9
5	2	1	7	6	9	3	8	4
6	1	7	2	8	3	4	9	5
2	4	9	6	7	5	8	1	3
8	3	5	9	4	1	7	6	2

70

5	6	9	3	8	4	7	2	1
7	3	4	2	1	6	8	5	9
1	8	2	5	7	9	6	4	3
4	5	8	7	9	2	3	1	6
2	9	7	6	3	1	4	8	5
6	1	3	4	5	8	9	7	2
9	7	1	8	6	5	2	3	4
8	2	6	1	4	3	5	9	7
3	4	5	9	2	7	1	6	8

71

3	6	9	8	4	7	5	1	2
2	7	4	3	5	1	9	8	6
1	8	5	9	6	2	3	4	7
9	4	6	1	2	5	8	7	3
8	2	7	6	3	9	4	5	1
5	3	1	7	8	4	6	2	9
7	9	3	5	1	8	2	6	4
4	1	8	2	9	6	7	3	5
6	5	2	4	7	3	1	9	8

72

1	5	6	8	3	2	9	7	4
3	9	4	5	7	6	1	2	8
7	8	2	9	4	1	6	3	5
6	4	7	2	1	3	8	5	9
8	2	1	6	9	5	7	4	3
9	3	5	4	8	7	2	6	1
4	1	3	7	6	8	5	9	2
2	7	9	1	5	4	3	8	6
5	6	8	3	2	9	4	1	7

73

6	5	1	2	7	4	8	3	9
7	2	3	8	9	6	5	4	1
4	8	9	5	3	1	2	6	7
5	4	7	6	1	3	9	8	2
8	9	6	4	5	2	1	7	3
1	3	2	9	8	7	4	5	6
3	1	5	7	4	9	6	2	8
2	7	4	1	6	8	3	9	5
9	6	8	3	2	5	7	1	4

74

6	7	9	2	4	8	3	1	5
2	4	1	3	6	5	8	7	9
3	8	5	7	9	1	6	4	2
5	3	7	4	1	6	9	2	8
1	2	8	5	7	9	4	6	3
4	9	6	8	3	2	7	5	1
7	5	2	6	8	3	1	9	4
8	1	4	9	2	7	5	3	6
9	6	3	1	5	4	2	8	7

75

3	1	2	8	4	9	6	7	5
7	6	9	1	2	5	3	8	4
5	4	8	7	3	6	1	9	2
4	9	1	5	6	7	2	3	8
8	3	5	4	1	2	9	6	7
6	2	7	3	9	8	4	5	1
2	5	4	6	7	3	8	1	9
1	8	6	9	5	4	7	2	3
9	7	3	2	8	1	5	4	6

76

7	8	6	4	2	5	3	1	9
4	9	5	1	3	7	6	8	2
1	2	3	8	6	9	5	7	4
9	6	7	3	5	1	4	2	8
5	4	2	7	8	6	1	9	3
3	1	8	9	4	2	7	5	6
6	5	4	2	7	8	9	3	1
8	7	9	6	1	3	2	4	5
2	3	1	5	9	4	8	6	7

77

4	9	7	3	2	8	1	5	6
3	1	2	6	5	7	4	9	8
8	5	6	1	9	4	3	7	2
5	4	8	2	3	6	9	1	7
2	7	9	4	1	5	6	8	3
1	6	3	8	7	9	2	4	5
9	3	1	7	8	2	5	6	4
7	2	4	5	6	1	8	3	9
6	8	5	9	4	3	7	2	1

78

3	8	4	5	6	1	9	2	7
2	6	1	9	7	8	5	4	3
7	5	9	2	3	4	1	6	8
5	2	8	7	1	6	4	3	9
6	9	3	8	4	5	7	1	2
4	1	7	3	2	9	8	5	6
9	4	2	1	8	3	6	7	5
8	3	6	4	5	7	2	9	1
1	7	5	6	9	2	3	8	4

79

5	8	7	3	9	6	2	4	1
4	2	3	1	5	8	9	7	6
6	9	1	4	2	7	3	8	5
1	6	2	7	4	5	8	3	9
3	5	8	2	1	9	7	6	4
9	7	4	8	6	3	5	1	2
2	3	9	6	8	4	1	5	7
8	1	6	5	7	2	4	9	3
7	4	5	9	3	1	6	2	8

80

4	6	9	3	1	5	8	7	2
7	5	2	8	4	6	3	9	1
8	3	1	9	2	7	6	4	5
2	1	6	7	8	4	9	5	3
5	7	3	2	6	9	4	1	8
9	8	4	5	3	1	7	2	6
1	9	7	6	5	3	2	8	4
3	4	8	1	9	2	5	6	7
6	2	5	4	7	8	1	3	9

81

8	5	2	9	7	4	6	1	3
6	7	4	1	3	2	9	5	8
9	3	1	8	5	6	7	4	2
7	8	6	3	4	9	5	2	1
2	4	3	5	6	1	8	7	9
5	1	9	2	8	7	3	6	4
4	9	5	7	2	3	1	8	6
1	6	8	4	9	5	2	3	7
3	2	7	6	1	8	4	9	5

82

3	4	8	1	6	5	7	2	9
9	5	6	8	7	2	1	3	4
7	1	2	4	9	3	6	8	5
1	9	5	7	2	4	8	6	3
2	8	4	5	3	6	9	7	1
6	7	3	9	1	8	5	4	2
5	2	1	6	4	7	3	9	8
8	3	7	2	5	9	4	1	6
4	6	9	3	8	1	2	5	7

83

3	4	6	5	9	1	7	2	8
7	2	1	8	6	4	5	3	9
5	9	8	3	2	7	4	6	1
1	3	2	6	7	8	9	5	4
4	8	5	2	3	9	6	1	7
6	7	9	1	4	5	3	8	2
9	6	3	4	8	2	1	7	5
2	1	7	9	5	6	8	4	3
8	5	4	7	1	3	2	9	6

84

7	6	2	3	1	5	9	8	4
8	5	1	9	4	7	3	6	2
4	3	9	8	6	2	5	1	7
6	1	7	4	5	9	8	2	3
3	8	4	2	7	1	6	5	9
9	2	5	6	3	8	4	7	1
2	4	6	7	8	3	1	9	5
5	9	8	1	2	4	7	3	6
1	7	3	5	9	6	2	4	8

85

4	7	5	3	8	1	6	9	2
8	9	1	2	7	6	4	3	5
2	6	3	4	9	5	7	8	1
1	8	2	7	3	9	5	4	6
6	5	4	8	1	2	3	7	9
7	3	9	6	5	4	1	2	8
5	1	7	9	4	8	2	6	3
9	4	6	5	2	3	8	1	7
3	2	8	1	6	7	9	5	4

86

7	1	6	4	2	3	9	8	5
5	9	4	8	7	6	1	3	2
2	3	8	5	9	1	6	4	7
4	6	5	2	1	7	3	9	8
1	8	9	6	3	5	2	7	4
3	2	7	9	4	8	5	6	1
6	7	3	1	8	2	4	5	9
9	5	2	7	6	4	8	1	3
8	4	1	3	5	9	7	2	6

87

8	9	5	7	2	6	4	1	3
6	1	3	8	9	4	2	5	7
4	7	2	5	3	1	6	9	8
7	4	8	1	5	3	9	6	2
1	5	9	6	7	2	3	8	4
2	3	6	4	8	9	1	7	5
9	8	4	2	6	5	7	3	1
5	6	1	3	4	7	8	2	9
3	2	7	9	1	8	5	4	6

88

3	8	2	6	5	9	7	1	4
5	4	7	3	1	8	2	9	6
9	6	1	7	2	4	5	3	8
4	2	5	8	9	6	1	7	3
1	9	8	5	7	3	6	4	2
7	3	6	2	4	1	8	5	9
6	7	9	1	3	2	4	8	5
8	1	4	9	6	5	3	2	7
2	5	3	4	8	7	9	6	1

89

6	7	3	4	2	9	5	8	1
1	2	5	6	7	8	9	4	3
8	9	4	3	1	5	2	7	6
5	3	8	7	9	2	1	6	4
2	6	1	5	8	4	7	3	9
9	4	7	1	3	6	8	5	2
7	8	9	2	4	3	6	1	5
3	5	2	8	6	1	4	9	7
4	1	6	9	5	7	3	2	8

90

6	7	1	4	8	9	5	2	3
8	5	4	1	3	2	9	6	7
2	3	9	7	6	5	8	1	4
7	2	3	6	5	8	4	9	1
1	4	5	9	2	7	3	8	6
9	8	6	3	4	1	2	7	5
3	6	7	2	9	4	1	5	8
5	1	2	8	7	3	6	4	9
4	9	8	5	1	6	7	3	2

91

3	4	2	7	6	9	1	5	8
7	9	1	3	8	5	6	2	4
5	8	6	1	2	4	9	7	3
8	1	7	2	4	6	3	9	5
9	2	3	5	7	1	4	8	6
6	5	4	9	3	8	2	1	7
1	6	8	4	5	2	7	3	9
2	3	5	6	9	7	8	4	1
4	7	9	8	1	3	5	6	2

92

5	1	7	9	2	8	6	4	3
3	6	8	5	4	1	7	2	9
4	2	9	3	7	6	1	5	8
8	5	4	7	6	3	2	9	1
2	7	3	1	8	9	5	6	4
6	9	1	4	5	2	3	8	7
9	8	5	6	1	7	4	3	2
7	3	6	2	9	4	8	1	5
1	4	2	8	3	5	9	7	6

93

2	4	9	6	3	7	1	5	8
5	7	8	4	1	9	3	6	2
6	3	1	2	8	5	7	9	4
1	8	5	7	2	3	9	4	6
9	2	7	5	6	4	8	3	1
4	6	3	1	9	8	5	2	7
7	5	2	9	4	1	6	8	3
8	1	4	3	5	6	2	7	9
3	9	6	8	7	2	4	1	5

94

6	9	5	4	1	3	2	7	8
7	3	1	8	2	5	4	9	6
2	4	8	6	7	9	1	5	3
3	5	2	9	4	1	8	6	7
8	6	4	2	3	7	5	1	9
9	1	7	5	6	8	3	2	4
5	8	6	1	9	4	7	3	2
1	7	9	3	8	2	6	4	5
4	2	3	7	5	6	9	8	1

95

6	5	9	8	3	7	1	4	2
2	4	1	5	9	6	7	8	3
8	7	3	2	4	1	9	6	5
3	8	2	1	5	9	4	7	6
7	9	5	4	6	8	3	2	1
4	1	6	3	7	2	5	9	8
9	2	8	7	1	3	6	5	4
5	3	7	6	8	4	2	1	9
1	6	4	9	2	5	8	3	7

96

2	8	5	3	9	6	7	4	1
4	7	6	1	5	8	9	2	3
9	1	3	2	7	4	5	8	6
8	2	7	4	3	1	6	5	9
5	9	1	6	8	7	4	3	2
3	6	4	9	2	5	8	1	7
6	4	9	5	1	2	3	7	8
7	3	2	8	4	9	1	6	5
1	5	8	7	6	3	2	9	4

97

3	6	9	4	8	5	7	2	1
1	8	2	9	7	6	5	3	4
7	5	4	1	3	2	6	9	8
8	1	3	6	5	4	2	7	9
9	2	5	7	1	3	8	4	6
4	7	6	8	2	9	1	5	3
5	4	8	3	6	7	9	1	2
2	9	1	5	4	8	3	6	7
6	3	7	2	9	1	4	8	5

98

2	6	8	1	7	9	5	3	4
7	1	3	6	4	5	2	9	8
4	5	9	2	3	8	1	6	7
1	8	7	3	2	6	9	4	5
6	3	4	9	5	1	7	8	2
5	9	2	7	8	4	3	1	6
3	4	1	5	6	2	8	7	9
9	2	6	8	1	7	4	5	3
8	7	5	4	9	3	6	2	1

99

5	2	4	6	8	9	3	1	7
8	3	1	7	5	2	4	6	9
9	7	6	1	3	4	5	8	2
6	8	3	9	4	5	2	7	1
2	9	7	3	1	8	6	5	4
4	1	5	2	7	6	8	9	3
1	5	9	8	2	3	7	4	6
7	4	2	5	6	1	9	3	8
3	6	8	4	9	7	1	2	5

100

4	7	9	8	3	1	5	2	6
8	1	2	4	6	5	7	9	3
3	6	5	2	9	7	8	1	4
1	8	4	7	2	9	6	3	5
7	2	3	5	4	6	9	8	1
5	9	6	1	8	3	2	4	7
2	5	7	3	1	8	4	6	9
9	3	8	6	5	4	1	7	2
6	4	1	9	7	2	3	5	8

101

2	5	6	4	1	9	8	7	3
8	4	3	6	2	7	5	1	9
9	1	7	3	8	5	2	6	4
4	7	9	5	6	8	3	2	1
1	3	2	9	7	4	6	5	8
5	6	8	1	3	2	9	4	7
3	9	5	2	4	1	7	8	6
7	2	1	8	9	6	4	3	5
6	8	4	7	5	3	1	9	2

102

2	3	5	6	7	4	8	9	1
8	1	6	9	3	2	4	7	5
4	9	7	8	1	5	3	6	2
1	5	8	2	6	7	9	4	3
9	7	4	3	5	1	6	2	8
6	2	3	4	9	8	1	5	7
5	6	1	7	4	3	2	8	9
7	8	9	1	2	6	5	3	4
3	4	2	5	8	9	7	1	6

103

5	7	6	1	9	2	4	3	8
2	1	4	8	5	3	6	9	7
3	9	8	4	7	6	1	5	2
1	5	9	7	4	8	2	6	3
8	4	3	6	2	5	9	7	1
6	2	7	9	3	1	8	4	5
9	8	2	3	6	7	5	1	4
7	6	1	5	8	4	3	2	9
4	3	5	2	1	9	7	8	6

104

6	9	1	5	3	8	4	2	7
5	4	8	7	2	1	6	9	3
7	2	3	6	9	4	1	8	5
2	7	6	1	4	5	8	3	9
9	3	4	8	6	2	7	5	1
8	1	5	9	7	3	2	6	4
3	5	7	4	8	6	9	1	2
4	8	2	3	1	9	5	7	6
1	6	9	2	5	7	3	4	8

105

4	3	8	5	6	2	7	9	1
7	9	2	3	4	1	6	5	8
1	6	5	7	9	8	2	4	3
5	7	1	4	2	3	9	8	6
8	2	3	6	5	9	4	1	7
9	4	6	8	1	7	3	2	5
3	1	4	9	8	6	5	7	2
2	5	7	1	3	4	8	6	9
6	8	9	2	7	5	1	3	4

106

1	7	8	4	5	9	2	6	3
6	5	4	3	2	7	9	1	8
3	2	9	1	8	6	5	7	4
9	4	5	6	7	2	3	8	1
7	6	1	9	3	8	4	2	5
2	8	3	5	1	4	7	9	6
8	9	6	2	4	5	1	3	7
5	3	7	8	9	1	6	4	2
4	1	2	7	6	3	8	5	9

107

5	6	9	3	1	4	7	2	8
8	3	4	7	2	6	9	1	5
1	2	7	9	8	5	4	6	3
3	5	2	4	7	8	6	9	1
9	7	6	2	5	1	8	3	4
4	8	1	6	9	3	2	5	7
7	4	3	1	6	2	5	8	9
6	9	5	8	3	7	1	4	2
2	1	8	5	4	9	3	7	6

108

2	5	6	9	7	3	8	4	1
7	1	9	2	4	8	6	3	5
4	3	8	6	5	1	2	9	7
8	2	7	5	3	9	1	6	4
6	4	5	8	1	2	3	7	9
3	9	1	7	6	4	5	8	2
5	6	3	4	2	7	9	1	8
1	8	4	3	9	5	7	2	6
9	7	2	1	8	6	4	5	3

109

7	9	6	8	5	4	1	3	2
5	1	8	2	9	3	7	6	4
2	4	3	1	7	6	9	5	8
6	3	5	7	8	2	4	1	9
9	8	7	4	6	1	3	2	5
4	2	1	5	3	9	6	8	7
8	6	4	9	1	5	2	7	3
1	5	2	3	4	7	8	9	6
3	7	9	6	2	8	5	4	1

110

2	9	8	5	7	3	4	6	1
5	4	3	2	1	6	8	7	9
1	7	6	9	4	8	5	3	2
6	3	1	8	9	2	7	5	4
9	8	4	7	3	5	1	2	6
7	5	2	1	6	4	9	8	3
8	1	7	3	2	9	6	4	5
4	2	9	6	5	7	3	1	8
3	6	5	4	8	1	2	9	7

111

4	6	8	1	2	9	7	5	3
2	3	5	7	4	8	6	9	1
7	1	9	6	5	3	4	2	8
5	7	1	3	6	4	2	8	9
8	2	3	9	7	5	1	6	4
9	4	6	2	8	1	5	3	7
3	8	7	5	1	6	9	4	2
1	5	4	8	9	2	3	7	6
6	9	2	4	3	7	8	1	5

112

9	5	6	2	8	4	7	3	1
8	4	7	9	3	1	2	5	6
1	2	3	5	6	7	4	9	8
2	3	8	4	5	9	1	6	7
4	7	5	6	1	3	9	8	2
6	1	9	8	7	2	5	4	3
7	8	1	3	9	5	6	2	4
5	6	2	7	4	8	3	1	9
3	9	4	1	2	6	8	7	5

113

9	2	6	4	8	1	7	5	3
1	7	5	9	6	3	8	4	2
3	4	8	2	7	5	1	9	6
6	1	2	5	4	8	3	7	9
8	9	7	1	3	6	4	2	5
4	5	3	7	9	2	6	1	8
2	8	9	3	1	4	5	6	7
7	3	1	6	5	9	2	8	4
5	6	4	8	2	7	9	3	1

114

9	4	6	5	2	7	3	1	8
7	5	2	8	1	3	4	6	9
1	8	3	9	4	6	5	2	7
6	9	5	3	8	4	2	7	1
8	2	7	1	5	9	6	3	4
4	3	1	7	6	2	9	8	5
3	1	8	2	9	5	7	4	6
5	7	4	6	3	8	1	9	2
2	6	9	4	7	1	8	5	3

115

4	2	6	7	1	9	3	8	5
5	9	7	8	2	3	1	4	6
3	1	8	6	5	4	9	7	2
9	8	4	2	6	5	7	3	1
1	7	5	9	3	8	6	2	4
6	3	2	4	7	1	5	9	8
8	4	3	5	9	6	2	1	7
2	6	9	1	8	7	4	5	3
7	5	1	3	4	2	8	6	9

116

9	1	8	5	2	7	3	4	6
2	6	5	1	4	3	9	7	8
4	3	7	6	9	8	2	1	5
6	8	2	3	1	4	7	5	9
7	4	3	9	6	5	1	8	2
5	9	1	7	8	2	6	3	4
8	2	9	4	3	1	5	6	7
1	5	6	8	7	9	4	2	3
3	7	4	2	5	6	8	9	1

117

3	4	7	9	8	1	6	2	5
2	5	9	6	3	4	8	7	1
6	1	8	7	5	2	9	3	4
5	9	1	3	7	6	4	8	2
8	6	2	4	9	5	3	1	7
4	7	3	1	2	8	5	9	6
9	2	4	8	6	7	1	5	3
1	3	5	2	4	9	7	6	8
7	8	6	5	1	3	2	4	9

118

3	6	1	9	5	7	8	2	4
8	7	2	3	1	4	9	6	5
4	5	9	2	6	8	3	1	7
6	3	5	7	8	1	4	9	2
2	9	7	4	3	6	1	5	8
1	8	4	5	2	9	6	7	3
5	1	6	8	4	2	7	3	9
9	2	8	1	7	3	5	4	6
7	4	3	6	9	5	2	8	1

119

8	7	2	5	9	3	6	4	1
9	4	5	7	1	6	3	2	8
3	6	1	8	4	2	7	5	9
5	3	8	6	2	4	1	9	7
7	1	9	3	5	8	4	6	2
4	2	6	9	7	1	5	8	3
6	8	7	2	3	5	9	1	4
2	9	4	1	6	7	8	3	5
1	5	3	4	8	9	2	7	6

120

8	4	5	1	7	6	9	3	2
6	7	1	2	9	3	5	4	8
3	2	9	4	8	5	6	1	7
9	6	7	5	4	1	2	8	3
1	5	2	3	6	8	4	7	9
4	8	3	9	2	7	1	5	6
5	9	6	8	3	4	7	2	1
7	3	4	6	1	2	8	9	5
2	1	8	7	5	9	3	6	4

121

2	1	7	6	3	4	5	8	9
3	9	4	1	8	5	2	6	7
5	8	6	9	2	7	4	1	3
1	6	3	4	5	8	9	7	2
9	7	8	2	1	3	6	5	4
4	2	5	7	6	9	1	3	8
8	4	1	5	7	2	3	9	6
6	3	2	8	9	1	7	4	5
7	5	9	3	4	6	8	2	1

122

5	8	6	2	1	4	7	3	9
7	4	2	6	9	3	8	5	1
3	9	1	8	5	7	4	2	6
8	3	5	9	4	2	6	1	7
9	2	4	1	7	6	3	8	5
6	1	7	3	8	5	2	9	4
1	6	9	4	3	8	5	7	2
2	5	3	7	6	1	9	4	8
4	7	8	5	2	9	1	6	3

123

9	8	6	1	4	2	7	5	3
5	7	1	3	6	8	2	4	9
2	3	4	7	9	5	6	1	8
8	4	2	9	5	6	3	7	1
3	5	9	8	7	1	4	6	2
1	6	7	2	3	4	8	9	5
4	2	3	6	1	9	5	8	7
7	1	5	4	8	3	9	2	6
6	9	8	5	2	7	1	3	4

124

9	2	8	1	7	5	3	6	4
6	7	4	9	8	3	1	2	5
5	3	1	2	4	6	9	7	8
2	8	9	3	6	4	5	1	7
4	1	7	8	5	2	6	3	9
3	5	6	7	1	9	8	4	2
7	6	2	5	3	8	4	9	1
1	4	5	6	9	7	2	8	3
8	9	3	4	2	1	7	5	6

125

3	8	4	5	1	9	2	7	6
6	5	1	2	7	8	9	4	3
2	9	7	3	4	6	8	1	5
9	6	8	7	5	4	3	2	1
4	1	5	6	2	3	7	9	8
7	2	3	9	8	1	6	5	4
8	4	9	1	6	7	5	3	2
5	3	6	4	9	2	1	8	7
1	7	2	8	3	5	4	6	9

126

8	6	3	1	2	4	5	7	9
2	5	7	9	8	3	6	1	4
9	1	4	7	6	5	8	2	3
7	4	6	8	1	9	2	3	5
3	2	9	4	5	6	1	8	7
1	8	5	2	3	7	9	4	6
5	3	2	6	4	1	7	9	8
6	9	1	3	7	8	4	5	2
4	7	8	5	9	2	3	6	1

127

2	3	4	9	8	7	6	1	5
7	5	6	2	1	4	3	8	9
1	8	9	5	6	3	4	7	2
6	2	5	1	9	8	7	3	4
4	9	8	3	7	2	5	6	1
3	1	7	4	5	6	9	2	8
5	4	3	6	2	1	8	9	7
8	6	2	7	4	9	1	5	3
9	7	1	8	3	5	2	4	6

128

8	3	4	9	6	1	2	7	5
9	6	5	4	2	7	3	1	8
7	2	1	8	5	3	4	6	9
4	1	8	7	3	5	9	2	6
5	7	3	6	9	2	8	4	1
2	9	6	1	8	4	7	5	3
1	5	9	2	7	8	6	3	4
3	8	2	5	4	6	1	9	7
6	4	7	3	1	9	5	8	2

129

1	3	4	2	7	6	5	8	9
2	5	9	1	4	8	7	6	3
7	8	6	9	5	3	2	1	4
8	4	7	6	1	2	3	9	5
6	9	3	5	8	4	1	7	2
5	1	2	3	9	7	8	4	6
9	7	8	4	3	5	6	2	1
4	2	5	8	6	1	9	3	7
3	6	1	7	2	9	4	5	8

130

8	5	3	2	9	1	7	4	6
6	7	1	8	5	4	3	2	9
4	2	9	3	7	6	8	1	5
3	1	2	4	6	9	5	7	8
7	8	4	1	3	5	9	6	2
5	9	6	7	8	2	1	3	4
1	4	5	9	2	7	6	8	3
2	6	8	5	1	3	4	9	7
9	3	7	6	4	8	2	5	1

131

2	9	5	1	3	7	8	4	6
3	8	7	9	4	6	1	5	2
6	1	4	8	5	2	9	3	7
7	5	2	3	8	9	6	1	4
8	4	9	6	2	1	3	7	5
1	3	6	4	7	5	2	8	9
5	2	1	7	6	8	4	9	3
4	7	8	2	9	3	5	6	1
9	6	3	5	1	4	7	2	8

132

2	7	5	1	3	6	8	9	4
3	8	4	2	9	5	1	6	7
6	9	1	4	7	8	5	2	3
1	4	7	9	5	2	3	8	6
8	6	2	7	1	3	9	4	5
5	3	9	8	6	4	2	7	1
9	1	3	6	2	7	4	5	8
4	5	6	3	8	9	7	1	2
7	2	8	5	4	1	6	3	9

133

1	3	7	2	8	5	6	9	4
9	4	6	1	7	3	8	5	2
2	5	8	6	9	4	7	1	3
4	8	3	5	1	7	2	6	9
7	9	5	8	6	2	4	3	1
6	1	2	3	4	9	5	8	7
3	7	1	4	5	8	9	2	6
5	2	9	7	3	6	1	4	8
8	6	4	9	2	1	3	7	5

134

3	4	6	9	8	5	1	2	7
7	8	1	2	4	3	9	5	6
5	9	2	6	7	1	3	8	4
2	7	8	5	3	9	6	4	1
4	6	9	1	2	8	7	3	5
1	3	5	4	6	7	8	9	2
6	2	7	3	9	4	5	1	8
8	1	3	7	5	2	4	6	9
9	5	4	8	1	6	2	7	3

135

7	1	3	9	8	4	5	6	2
2	9	8	1	5	6	7	4	3
5	4	6	7	3	2	8	1	9
6	3	5	4	7	9	1	2	8
8	2	1	3	6	5	9	7	4
9	7	4	8	2	1	6	3	5
3	8	2	6	9	7	4	5	1
1	5	7	2	4	8	3	9	6
4	6	9	5	1	3	2	8	7

136

3	7	9	4	8	5	6	2	1
8	5	6	2	1	3	7	9	4
4	2	1	6	9	7	5	3	8
2	6	8	3	5	4	1	7	9
1	4	7	9	6	8	3	5	2
9	3	5	7	2	1	8	4	6
5	1	4	8	3	2	9	6	7
7	9	3	1	4	6	2	8	5
6	8	2	5	7	9	4	1	3

137

2	4	7	6	5	1	3	8	9
1	8	3	2	9	7	6	5	4
6	5	9	4	3	8	1	2	7
3	1	4	8	6	9	2	7	5
7	6	8	5	4	2	9	1	3
9	2	5	1	7	3	4	6	8
5	3	1	9	8	6	7	4	2
4	7	2	3	1	5	8	9	6
8	9	6	7	2	4	5	3	1

138

5	3	1	7	2	9	6	4	8
9	7	4	8	3	6	5	2	1
2	8	6	1	5	4	9	3	7
4	1	8	6	9	7	2	5	3
7	9	3	5	4	2	8	1	6
6	5	2	3	8	1	7	9	4
8	2	9	4	7	3	1	6	5
1	4	7	2	6	5	3	8	9
3	6	5	9	1	8	4	7	2

139

6	7	3	4	2	8	9	1	5
8	5	9	1	6	3	7	4	2
2	1	4	7	5	9	8	3	6
9	3	2	5	8	7	1	6	4
7	6	8	3	4	1	5	2	9
1	4	5	2	9	6	3	8	7
4	2	1	9	3	5	6	7	8
3	9	6	8	7	4	2	5	1
5	8	7	6	1	2	4	9	3

140

1	8	9	5	6	4	7	2	3
6	5	2	9	7	3	1	8	4
4	7	3	8	1	2	6	9	5
7	3	6	2	9	1	4	5	8
2	9	8	6	4	5	3	1	7
5	1	4	3	8	7	2	6	9
8	6	1	4	3	9	5	7	2
9	4	5	7	2	6	8	3	1
3	2	7	1	5	8	9	4	6

141

9	3	2	7	6	8	4	5	1
4	5	6	1	3	2	9	7	8
8	1	7	9	4	5	2	6	3
1	2	9	3	8	7	6	4	5
5	6	3	4	2	9	8	1	7
7	4	8	5	1	6	3	9	2
3	9	4	2	7	1	5	8	6
6	7	5	8	9	3	1	2	4
2	8	1	6	5	4	7	3	9

142

9	7	6	5	3	1	8	2	4
2	1	3	4	8	7	6	9	5
4	8	5	2	6	9	1	7	3
8	4	7	6	9	3	2	5	1
6	3	2	8	1	5	9	4	7
1	5	9	7	4	2	3	8	6
7	6	1	9	2	4	5	3	8
5	2	8	3	7	6	4	1	9
3	9	4	1	5	8	7	6	2

143

9	2	7	4	8	3	1	5	6
4	5	1	9	6	7	8	2	3
6	8	3	5	1	2	7	9	4
3	6	5	2	7	8	4	1	9
1	9	2	6	4	5	3	7	8
7	4	8	1	3	9	2	6	5
5	1	9	8	2	4	6	3	7
2	3	4	7	5	6	9	8	1
8	7	6	3	9	1	5	4	2

144

6	8	3	5	1	9	7	4	2
2	5	1	7	8	4	9	3	6
7	9	4	3	2	6	1	5	8
5	6	8	2	3	7	4	1	9
1	3	9	6	4	5	8	2	7
4	2	7	8	9	1	3	6	5
9	1	6	4	7	2	5	8	3
3	4	2	9	5	8	6	7	1
8	7	5	1	6	3	2	9	4

145

1	3	2	4	7	9	6	8	5
6	5	9	2	1	8	7	3	4
7	8	4	6	3	5	1	2	9
9	6	8	1	2	3	4	5	7
3	4	5	9	6	7	2	1	8
2	1	7	8	5	4	9	6	3
5	2	3	7	4	6	8	9	1
8	7	1	5	9	2	3	4	6
4	9	6	3	8	1	5	7	2

146

6	7	1	9	2	3	5	8	4
3	2	4	8	5	6	7	9	1
8	5	9	4	1	7	2	3	6
4	8	5	7	6	2	3	1	9
2	9	7	1	3	4	8	6	5
1	6	3	5	8	9	4	2	7
7	4	8	3	9	1	6	5	2
9	3	2	6	4	5	1	7	8
5	1	6	2	7	8	9	4	3

147

9	5	6	4	8	1	3	2	7
1	8	2	7	6	3	9	5	4
3	4	7	5	2	9	8	6	1
5	3	9	6	4	7	2	1	8
4	6	8	1	5	2	7	9	3
2	7	1	9	3	8	6	4	5
7	1	3	2	9	5	4	8	6
6	9	5	8	7	4	1	3	2
8	2	4	3	1	6	5	7	9

148

6	8	7	2	3	9	5	1	4
1	5	9	6	4	8	7	2	3
3	2	4	5	7	1	6	8	9
7	4	1	3	9	6	2	5	8
8	9	3	1	2	5	4	6	7
5	6	2	4	8	7	3	9	1
9	3	6	8	5	4	1	7	2
4	1	8	7	6	2	9	3	5
2	7	5	9	1	3	8	4	6

149

9	2	5	3	1	7	6	4	8
7	1	3	8	4	6	5	2	9
6	4	8	9	2	5	3	1	7
5	3	7	4	6	1	8	9	2
2	8	1	7	3	9	4	5	6
4	6	9	2	5	8	7	3	1
3	7	6	5	9	2	1	8	4
8	9	4	1	7	3	2	6	5
1	5	2	6	8	4	9	7	3

150

3	6	9	5	4	1	8	7	2
5	1	8	2	7	9	4	6	3
2	4	7	6	8	3	9	5	1
4	9	3	7	6	8	1	2	5
6	8	5	9	1	2	3	4	7
7	2	1	3	5	4	6	9	8
9	3	4	8	2	7	5	1	6
8	5	2	1	9	6	7	3	4
1	7	6	4	3	5	2	8	9

151

9	2	7	6	5	1	4	8	3
5	1	8	9	4	3	2	7	6
3	6	4	7	8	2	1	9	5
8	7	3	5	2	4	6	1	9
4	5	1	3	9	6	8	2	7
6	9	2	1	7	8	5	3	4
1	3	5	8	6	9	7	4	2
7	4	9	2	1	5	3	6	8
2	8	6	4	3	7	9	5	1

152

6	7	8	3	5	4	2	1	9
9	3	5	8	1	2	7	6	4
2	4	1	7	6	9	3	8	5
8	6	7	5	9	3	4	2	1
1	5	4	2	7	8	9	3	6
3	9	2	1	4	6	8	5	7
4	1	3	6	2	7	5	9	8
5	2	9	4	8	1	6	7	3
7	8	6	9	3	5	1	4	2

153

6	1	3	5	9	8	4	2	7
8	7	2	4	6	3	9	1	5
5	9	4	7	1	2	8	6	3
4	3	9	8	2	1	7	5	6
1	5	6	3	4	7	2	8	9
2	8	7	9	5	6	1	3	4
3	2	5	1	7	4	6	9	8
7	6	8	2	3	9	5	4	1
9	4	1	6	8	5	3	7	2

154

8	5	2	6	3	7	9	1	4
7	4	6	9	1	5	8	3	2
1	3	9	4	8	2	7	5	6
4	7	3	1	5	9	6	2	8
5	6	8	3	2	4	1	7	9
9	2	1	8	7	6	3	4	5
6	1	4	5	9	3	2	8	7
3	9	7	2	4	8	5	6	1
2	8	5	7	6	1	4	9	3

155

8	4	3	1	5	9	2	6	7
6	1	5	7	8	2	4	3	9
9	7	2	3	4	6	5	8	1
3	5	8	4	2	7	1	9	6
1	6	4	9	3	5	8	7	2
2	9	7	8	6	1	3	5	4
5	3	1	6	7	4	9	2	8
4	8	6	2	9	3	7	1	5
7	2	9	5	1	8	6	4	3

156

3	8	1	7	2	9	4	5	6
9	6	5	4	1	3	2	7	8
7	2	4	6	8	5	9	1	3
5	9	2	3	4	1	8	6	7
6	4	7	9	5	8	1	3	2
8	1	3	2	7	6	5	4	9
1	5	9	8	3	7	6	2	4
2	7	6	5	9	4	3	8	1
4	3	8	1	6	2	7	9	5

157

8	6	2	7	3	1	9	5	4
3	9	1	5	2	4	7	6	8
7	5	4	8	9	6	1	3	2
6	4	3	9	1	2	8	7	5
9	2	8	6	7	5	3	4	1
1	7	5	3	4	8	2	9	6
5	1	9	2	6	7	4	8	3
4	8	7	1	5	3	6	2	9
2	3	6	4	8	9	5	1	7

158

3	1	4	6	9	8	2	5	7
6	8	2	4	7	5	9	3	1
7	9	5	2	1	3	4	6	8
1	5	9	8	4	7	3	2	6
4	3	7	5	2	6	1	8	9
2	6	8	1	3	9	7	4	5
9	4	6	3	8	1	5	7	2
5	2	1	7	6	4	8	9	3
8	7	3	9	5	2	6	1	4

159

7	5	6	1	4	9	2	3	8
2	4	1	3	7	8	5	6	9
9	3	8	2	5	6	7	4	1
8	9	3	5	6	7	4	1	2
1	2	5	4	9	3	8	7	6
4	6	7	8	2	1	9	5	3
6	8	2	7	1	5	3	9	4
5	1	4	9	3	2	6	8	7
3	7	9	6	8	4	1	2	5

160

5	2	6	9	8	3	4	7	1
1	9	8	4	7	5	3	6	2
7	4	3	2	6	1	9	8	5
2	8	5	3	1	7	6	4	9
6	1	4	5	9	8	7	2	3
3	7	9	6	4	2	1	5	8
8	6	1	7	5	9	2	3	4
4	5	2	1	3	6	8	9	7
9	3	7	8	2	4	5	1	6

161

5	2	4	9	3	6	1	7	8
6	8	3	1	5	7	9	2	4
7	1	9	4	2	8	3	6	5
1	5	8	7	9	2	4	3	6
3	9	2	6	4	5	7	8	1
4	6	7	3	8	1	2	5	9
9	4	6	8	7	3	5	1	2
8	3	5	2	1	9	6	4	7
2	7	1	5	6	4	8	9	3

162

3	7	4	1	5	2	6	9	8
2	1	8	9	6	3	7	5	4
5	6	9	7	8	4	1	3	2
9	2	3	5	7	6	8	4	1
1	8	7	3	4	9	2	6	5
6	4	5	8	2	1	3	7	9
7	9	2	6	1	5	4	8	3
8	3	1	4	9	7	5	2	6
4	5	6	2	3	8	9	1	7

163

7	4	6	5	1	3	9	8	2
1	9	8	7	4	2	6	5	3
5	2	3	6	8	9	7	4	1
8	3	9	4	7	5	1	2	6
2	6	7	1	3	8	5	9	4
4	1	5	9	2	6	3	7	8
9	8	4	3	6	7	2	1	5
6	7	1	2	5	4	8	3	9
3	5	2	8	9	1	4	6	7

164

3	2	1	4	9	7	8	6	5
8	5	6	2	1	3	4	9	7
4	7	9	6	8	5	1	3	2
2	4	3	7	5	6	9	1	8
9	1	5	8	3	2	7	4	6
7	6	8	1	4	9	2	5	3
1	3	7	5	2	4	6	8	9
6	9	4	3	7	8	5	2	1
5	8	2	9	6	1	3	7	4

165

5	4	7	6	2	3	8	1	9
1	6	2	7	8	9	3	4	5
9	8	3	5	1	4	6	7	2
8	1	9	4	5	7	2	3	6
2	3	4	9	6	8	1	5	7
6	7	5	2	3	1	4	9	8
7	5	8	1	4	6	9	2	3
3	9	1	8	7	2	5	6	4
4	2	6	3	9	5	7	8	1

166

9	7	4	2	3	6	5	8	1
6	5	1	9	8	7	2	3	4
3	8	2	4	1	5	9	7	6
5	1	7	8	6	3	4	9	2
4	3	9	5	7	2	1	6	8
2	6	8	1	4	9	3	5	7
8	4	5	6	9	1	7	2	3
7	2	6	3	5	4	8	1	9
1	9	3	7	2	8	6	4	5

167

4	8	6	7	5	3	1	9	2
1	5	9	6	8	2	4	7	3
2	7	3	4	1	9	5	6	8
7	2	1	8	9	5	3	4	6
9	4	8	3	7	6	2	1	5
6	3	5	2	4	1	7	8	9
3	6	4	1	2	8	9	5	7
5	1	2	9	6	7	8	3	4
8	9	7	5	3	4	6	2	1

168

1	2	7	5	4	3	9	8	6
8	3	6	2	9	1	5	7	4
5	9	4	7	6	8	1	3	2
6	4	2	3	5	7	8	9	1
3	7	8	9	1	6	2	4	5
9	1	5	4	8	2	3	6	7
7	8	9	1	2	4	6	5	3
2	6	3	8	7	5	4	1	9
4	5	1	6	3	9	7	2	8

169

1	7	6	2	8	4	3	9	5
9	2	5	3	1	7	4	6	8
8	4	3	9	6	5	1	7	2
4	1	2	8	9	6	5	3	7
6	5	7	4	2	3	9	8	1
3	8	9	5	7	1	2	4	6
2	9	4	7	5	8	6	1	3
5	6	8	1	3	9	7	2	4
7	3	1	6	4	2	8	5	9

170

9	4	8	1	6	2	3	7	5
3	6	2	8	5	7	9	1	4
7	1	5	4	9	3	2	8	6
4	8	6	2	3	9	7	5	1
1	7	3	5	8	6	4	9	2
2	5	9	7	1	4	8	6	3
8	3	4	6	7	5	1	2	9
5	9	1	3	2	8	6	4	7
6	2	7	9	4	1	5	3	8

171

1	2	7	6	4	3	9	8	5
6	5	4	9	8	2	7	3	1
9	8	3	1	7	5	4	6	2
7	4	5	2	9	8	3	1	6
2	1	9	3	5	6	8	7	4
3	6	8	7	1	4	5	2	9
4	7	2	5	3	1	6	9	8
5	9	1	8	6	7	2	4	3
8	3	6	4	2	9	1	5	7

172

7	2	1	5	8	4	3	6	9
9	3	8	7	1	6	2	4	5
5	6	4	9	2	3	8	7	1
1	7	2	8	9	5	6	3	4
6	8	5	3	4	7	9	1	2
4	9	3	2	6	1	7	5	8
8	1	6	4	7	9	5	2	3
2	5	7	1	3	8	4	9	6
3	4	9	6	5	2	1	8	7

173

5	3	6	4	7	2	1	8	9
9	2	1	3	5	8	6	4	7
4	7	8	1	6	9	3	5	2
7	4	3	5	8	6	2	9	1
1	6	2	9	4	7	8	3	5
8	5	9	2	1	3	4	7	6
2	8	5	6	9	4	7	1	3
3	9	4	7	2	1	5	6	8
6	1	7	8	3	5	9	2	4

174

7	6	4	1	9	2	5	3	8
8	3	1	5	6	4	7	2	9
5	2	9	7	8	3	6	4	1
9	7	2	3	4	8	1	6	5
6	4	5	9	7	1	2	8	3
1	8	3	6	2	5	9	7	4
3	9	8	2	1	7	4	5	6
2	5	6	4	3	9	8	1	7
4	1	7	8	5	6	3	9	2

175

9	3	2	8	4	1	6	7	5
6	4	8	7	5	9	1	3	2
7	5	1	6	2	3	8	4	9
4	1	5	3	6	7	9	2	8
8	9	7	2	1	4	5	6	3
2	6	3	5	9	8	7	1	4
5	8	4	1	3	6	2	9	7
1	7	9	4	8	2	3	5	6
3	2	6	9	7	5	4	8	1

176

3	6	9	8	7	1	4	2	5
7	8	2	9	4	5	6	1	3
1	5	4	3	6	2	9	7	8
6	1	7	5	3	8	2	9	4
2	4	5	6	1	9	3	8	7
9	3	8	7	2	4	5	6	1
4	7	3	1	9	6	8	5	2
5	9	1	2	8	3	7	4	6
8	2	6	4	5	7	1	3	9

177

4	7	8	9	1	5	3	2	6
1	9	6	8	2	3	5	7	4
5	2	3	6	7	4	8	9	1
3	6	4	2	9	8	1	5	7
9	1	7	3	5	6	2	4	8
2	8	5	7	4	1	6	3	9
6	4	1	5	3	7	9	8	2
8	5	2	4	6	9	7	1	3
7	3	9	1	8	2	4	6	5

178

6	2	7	8	9	1	3	4	5
8	9	5	3	4	6	7	1	2
4	1	3	2	5	7	6	9	8
9	3	4	6	1	5	2	8	7
1	5	2	7	8	9	4	6	3
7	6	8	4	2	3	9	5	1
5	7	9	1	6	2	8	3	4
3	8	1	9	7	4	5	2	6
2	4	6	5	3	8	1	7	9

179

8	1	3	2	5	9	4	7	6
6	5	4	8	1	7	3	9	2
7	9	2	3	4	6	5	8	1
9	6	8	5	7	3	2	1	4
5	4	7	1	8	2	9	6	3
2	3	1	9	6	4	7	5	8
3	8	6	4	9	5	1	2	7
1	2	9	7	3	8	6	4	5
4	7	5	6	2	1	8	3	9

180

8	2	5	4	1	3	6	9	7
7	9	4	6	8	5	3	2	1
6	1	3	7	2	9	4	5	8
4	5	6	8	9	7	1	3	2
1	7	8	3	6	2	5	4	9
9	3	2	1	5	4	7	8	6
3	6	7	9	4	8	2	1	5
5	8	1	2	3	6	9	7	4
2	4	9	5	7	1	8	6	3

181

1	5	2	7	6	3	8	4	9
8	3	6	1	9	4	2	7	5
7	4	9	5	8	2	3	6	1
4	9	3	8	5	1	7	2	6
6	8	1	2	3	7	5	9	4
2	7	5	6	4	9	1	8	3
5	1	8	4	2	6	9	3	7
9	6	7	3	1	8	4	5	2
3	2	4	9	7	5	6	1	8

182

3	5	6	7	4	2	8	9	1
7	2	1	9	8	5	3	6	4
4	9	8	1	6	3	5	7	2
5	4	2	8	7	9	6	1	3
8	6	3	4	5	1	7	2	9
9	1	7	2	3	6	4	5	8
6	3	9	5	1	4	2	8	7
1	7	5	3	2	8	9	4	6
2	8	4	6	9	7	1	3	5

183

9	3	1	6	2	8	5	7	4
4	7	6	9	5	1	2	8	3
8	2	5	7	4	3	1	6	9
1	6	8	4	3	2	9	5	7
2	4	9	1	7	5	6	3	8
3	5	7	8	6	9	4	1	2
6	1	3	2	9	7	8	4	5
5	9	4	3	8	6	7	2	1
7	8	2	5	1	4	3	9	6

184

2	9	6	3	5	8	7	1	4
3	4	5	1	6	7	2	9	8
8	1	7	9	4	2	6	5	3
6	5	4	2	9	1	3	8	7
9	2	3	8	7	6	1	4	5
1	7	8	4	3	5	9	6	2
7	3	1	5	8	9	4	2	6
4	8	9	6	2	3	5	7	1
5	6	2	7	1	4	8	3	9

185

7	8	2	4	9	6	1	3	5
3	4	1	2	5	8	7	9	6
6	5	9	3	7	1	8	2	4
5	7	3	6	8	2	9	4	1
9	2	6	1	4	7	3	5	8
8	1	4	5	3	9	6	7	2
4	3	7	8	1	5	2	6	9
1	6	5	9	2	3	4	8	7
2	9	8	7	6	4	5	1	3

186

1	5	8	9	4	2	3	7	6
2	6	4	7	1	3	8	5	9
7	9	3	8	6	5	2	4	1
6	4	7	2	9	1	5	8	3
9	2	5	3	8	6	4	1	7
8	3	1	4	5	7	6	9	2
3	1	6	5	7	4	9	2	8
5	7	9	6	2	8	1	3	4
4	8	2	1	3	9	7	6	5

187

6	7	1	8	4	5	9	2	3
5	2	9	1	7	3	6	4	8
4	3	8	9	2	6	5	7	1
3	8	6	4	1	7	2	5	9
2	5	4	3	8	9	7	1	6
1	9	7	5	6	2	3	8	4
8	6	3	2	5	1	4	9	7
7	4	5	6	9	8	1	3	2
9	1	2	7	3	4	8	6	5

188

3	9	7	6	5	2	8	1	4
2	1	6	8	4	7	9	3	5
4	8	5	9	1	3	7	6	2
1	6	9	5	7	4	2	8	3
8	5	4	2	3	6	1	7	9
7	2	3	1	8	9	5	4	6
6	4	2	7	9	1	3	5	8
9	7	8	3	6	5	4	2	1
5	3	1	4	2	8	6	9	7

189

9	5	6	8	4	1	2	7	3
3	7	8	5	6	2	9	4	1
4	2	1	3	9	7	8	5	6
1	3	7	9	2	5	4	6	8
8	4	2	1	7	6	3	9	5
5	6	9	4	3	8	1	2	7
2	1	3	6	5	4	7	8	9
6	9	4	7	8	3	5	1	2
7	8	5	2	1	9	6	3	4

190

4	6	2	3	9	1	8	5	7
8	7	3	4	6	5	9	2	1
5	1	9	2	7	8	4	3	6
6	3	4	7	1	2	5	8	9
2	9	5	8	4	6	1	7	3
7	8	1	9	5	3	6	4	2
3	5	7	1	8	9	2	6	4
1	4	6	5	2	7	3	9	8
9	2	8	6	3	4	7	1	5

191

3	7	1	6	2	4	5	9	8
8	6	2	5	1	9	4	7	3
9	5	4	8	3	7	1	6	2
6	8	7	9	5	2	3	4	1
5	2	9	1	4	3	6	8	7
4	1	3	7	8	6	9	2	5
2	4	8	3	6	5	7	1	9
1	9	5	4	7	8	2	3	6
7	3	6	2	9	1	8	5	4

192

9	5	6	3	1	7	4	2	8
8	1	2	5	6	4	9	3	7
7	3	4	2	9	8	5	6	1
1	8	9	6	2	5	7	4	3
6	4	3	7	8	9	1	5	2
5	2	7	4	3	1	6	8	9
2	9	1	8	5	6	3	7	4
4	6	8	9	7	3	2	1	5
3	7	5	1	4	2	8	9	6

193

9	5	2	8	3	4	1	6	7
3	1	4	5	6	7	2	9	8
8	7	6	9	1	2	5	3	4
2	4	9	7	8	6	3	5	1
1	8	3	2	4	5	9	7	6
5	6	7	1	9	3	4	8	2
4	3	5	6	2	8	7	1	9
7	9	8	4	5	1	6	2	3
6	2	1	3	7	9	8	4	5

194

9	4	7	3	5	2	1	8	6
5	8	1	6	9	4	2	7	3
3	6	2	8	1	7	5	9	4
2	7	6	4	3	5	9	1	8
4	1	9	2	8	6	7	3	5
8	3	5	1	7	9	6	4	2
1	5	3	9	6	8	4	2	7
6	2	8	7	4	1	3	5	9
7	9	4	5	2	3	8	6	1

195

4	6	3	5	7	1	2	8	9
5	9	8	4	3	2	1	7	6
7	2	1	6	9	8	3	5	4
2	3	6	9	5	4	8	1	7
9	8	7	2	1	3	4	6	5
1	4	5	8	6	7	9	2	3
6	7	4	1	2	9	5	3	8
8	5	2	3	4	6	7	9	1
3	1	9	7	8	5	6	4	2

196

8	2	9	1	6	3	4	5	7
5	1	4	9	7	2	6	8	3
7	6	3	8	5	4	2	9	1
1	4	6	3	2	5	9	7	8
2	9	7	6	8	1	3	4	5
3	8	5	7	4	9	1	6	2
6	3	2	5	9	7	8	1	4
4	5	8	2	1	6	7	3	9
9	7	1	4	3	8	5	2	6

197

2	5	6	9	7	8	3	4	1
4	1	7	3	5	6	8	2	9
3	8	9	4	2	1	6	7	5
6	2	8	5	4	7	1	9	3
1	7	4	6	3	9	5	8	2
9	3	5	8	1	2	4	6	7
8	9	1	7	6	3	2	5	4
7	4	2	1	8	5	9	3	6
5	6	3	2	9	4	7	1	8

198

8	7	4	2	3	5	9	6	1
2	3	1	6	9	4	5	7	8
6	5	9	8	1	7	2	4	3
1	9	2	5	4	8	7	3	6
3	4	5	1	7	6	8	2	9
7	6	8	3	2	9	1	5	4
5	8	3	7	6	1	4	9	2
9	1	6	4	5	2	3	8	7
4	2	7	9	8	3	6	1	5

199

6	9	8	7	2	5	4	3	1
2	4	7	3	1	9	5	8	6
5	3	1	8	4	6	9	7	2
4	6	3	1	5	8	7	2	9
1	7	2	9	3	4	8	6	5
8	5	9	2	6	7	1	4	3
7	8	5	6	9	3	2	1	4
3	2	4	5	8	1	6	9	7
9	1	6	4	7	2	3	5	8

200

7	6	5	2	3	9	1	8	4
3	1	2	8	4	7	9	6	5
4	8	9	6	5	1	2	3	7
6	4	8	3	1	2	5	7	9
2	7	1	5	9	6	8	4	3
5	9	3	7	8	4	6	1	2
8	5	4	9	6	3	7	2	1
1	2	6	4	7	5	3	9	8
9	3	7	1	2	8	4	5	6

201

8	1	6	2	5	7	4	3	9
7	9	4	1	3	8	2	6	5
5	2	3	6	4	9	7	8	1
3	7	9	4	1	5	8	2	6
2	8	5	3	9	6	1	7	4
4	6	1	8	7	2	9	5	3
9	3	2	7	6	1	5	4	8
6	5	7	9	8	4	3	1	2
1	4	8	5	2	3	6	9	7

202

9	1	5	7	2	6	8	4	3
6	4	8	5	9	3	2	7	1
3	7	2	8	1	4	6	9	5
7	5	9	6	4	8	3	1	2
2	6	3	9	7	1	4	5	8
1	8	4	3	5	2	9	6	7
4	3	7	1	8	9	5	2	6
5	9	6	2	3	7	1	8	4
8	2	1	4	6	5	7	3	9

203

3	9	7	4	8	1	5	6	2
5	4	1	9	2	6	3	8	7
2	8	6	7	5	3	4	9	1
9	1	2	3	4	8	7	5	6
8	7	5	6	1	9	2	4	3
6	3	4	2	7	5	9	1	8
7	5	8	1	9	2	6	3	4
1	2	3	5	6	4	8	7	9
4	6	9	8	3	7	1	2	5

204

4	5	1	3	8	7	9	6	2
2	7	6	1	9	4	3	8	5
8	3	9	5	6	2	7	4	1
1	8	2	9	4	6	5	3	7
3	6	5	2	7	1	4	9	8
9	4	7	8	3	5	2	1	6
5	2	8	4	1	9	6	7	3
6	9	3	7	2	8	1	5	4
7	1	4	6	5	3	8	2	9

205

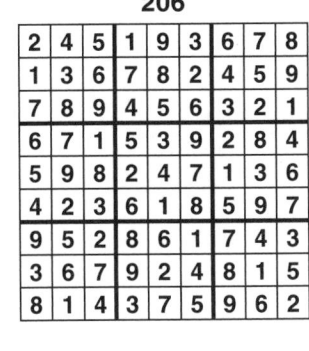

5	8	7	6	3	4	9	2	1
1	9	6	7	5	2	4	3	8
4	3	2	9	1	8	6	7	5
3	6	1	2	4	7	5	8	9
2	7	8	1	9	5	3	4	6
9	5	4	8	6	3	7	1	2
8	2	5	4	7	9	1	6	3
6	4	9	3	2	1	8	5	7
7	1	3	5	8	6	2	9	4

206

2	4	5	1	9	3	6	7	8
1	3	6	7	8	2	4	5	9
7	8	9	4	5	6	3	2	1
6	7	1	5	3	9	2	8	4
5	9	8	2	4	7	1	3	6
4	2	3	6	1	8	5	9	7
9	5	2	8	6	1	7	4	3
3	6	7	9	2	4	8	1	5
8	1	4	3	7	5	9	6	2

207

2	5	1	8	7	3	4	9	6
9	8	6	4	2	5	3	1	7
7	3	4	9	1	6	2	5	8
3	2	8	7	9	1	6	4	5
1	6	5	3	8	4	9	7	2
4	7	9	6	5	2	8	3	1
8	9	3	5	6	7	1	2	4
6	1	7	2	4	9	5	8	3
5	4	2	1	3	8	7	6	9

208

2	7	1	6	8	5	3	4	9
5	3	6	9	1	4	7	2	8
9	4	8	7	2	3	1	5	6
7	9	5	1	6	2	8	3	4
8	1	2	4	3	9	6	7	5
4	6	3	5	7	8	2	9	1
6	5	7	3	9	1	4	8	2
3	8	4	2	5	6	9	1	7
1	2	9	8	4	7	5	6	3

209

4	9	1	2	8	5	7	6	3
5	7	8	4	6	3	2	1	9
3	2	6	7	9	1	4	8	5
6	4	2	5	3	8	9	7	1
9	8	7	6	1	2	3	5	4
1	5	3	9	4	7	8	2	6
8	3	4	1	2	6	5	9	7
2	1	5	3	7	9	6	4	8
7	6	9	8	5	4	1	3	2

210

6	8	1	3	4	2	7	9	5
2	9	3	8	5	7	1	4	6
4	5	7	1	9	6	2	8	3
7	3	5	4	2	9	6	1	8
1	2	8	6	3	5	4	7	9
9	6	4	7	8	1	3	5	2
5	1	2	9	6	4	8	3	7
3	4	9	2	7	8	5	6	1
8	7	6	5	1	3	9	2	4

211

6	3	5	9	4	1	2	7	8
7	9	4	3	8	2	1	6	5
1	2	8	6	5	7	4	9	3
3	5	7	2	1	6	9	8	4
9	8	6	5	7	4	3	1	2
2	4	1	8	3	9	7	5	6
5	1	3	4	9	8	6	2	7
8	7	2	1	6	3	5	4	9
4	6	9	7	2	5	8	3	1

212

5	7	3	9	2	6	4	8	1
8	1	6	5	7	4	2	9	3
2	9	4	1	8	3	5	6	7
4	5	8	3	6	1	9	7	2
1	2	9	7	5	8	3	4	6
3	6	7	4	9	2	8	1	5
9	3	2	8	1	7	6	5	4
7	4	5	6	3	9	1	2	8
6	8	1	2	4	5	7	3	9

213

7	9	8	2	3	4	5	6	1
6	1	3	8	5	7	4	2	9
4	5	2	1	6	9	3	8	7
1	3	7	4	8	6	2	9	5
9	2	6	3	7	5	8	1	4
5	8	4	9	2	1	6	7	3
8	4	1	6	9	3	7	5	2
2	7	9	5	4	8	1	3	6
3	6	5	7	1	2	9	4	8

214

3	9	7	4	2	6	1	5	8
2	1	6	3	8	5	9	4	7
8	4	5	9	1	7	6	2	3
4	7	3	2	9	8	5	6	1
6	2	8	5	3	1	4	7	9
1	5	9	7	6	4	3	8	2
9	6	1	8	5	2	7	3	4
7	3	2	6	4	9	8	1	5
5	8	4	1	7	3	2	9	6

215

3	5	2	4	9	8	6	7	1
7	9	6	1	3	2	5	4	8
1	4	8	6	7	5	9	3	2
6	1	4	9	8	7	2	5	3
8	7	5	2	6	3	4	1	9
9	2	3	5	1	4	7	8	6
5	6	9	8	4	1	3	2	7
2	3	1	7	5	9	8	6	4
4	8	7	3	2	6	1	9	5

216

9	6	1	8	2	5	3	7	4
7	5	4	9	3	1	2	6	8
3	8	2	6	7	4	9	1	5
2	1	3	5	8	6	7	4	9
6	9	8	7	4	3	1	5	2
4	7	5	1	9	2	8	3	6
8	4	9	3	6	7	5	2	1
1	3	6	2	5	8	4	9	7
5	2	7	4	1	9	6	8	3

217

2	1	3	6	5	4	7	8	9
7	4	9	8	3	2	5	6	1
8	6	5	1	9	7	2	3	4
3	2	1	5	6	9	4	7	8
9	7	8	2	4	1	6	5	3
6	5	4	7	8	3	9	1	2
1	9	2	3	7	5	8	4	6
5	3	6	4	2	8	1	9	7
4	8	7	9	1	6	3	2	5

218

2	5	1	3	9	7	6	4	8
9	4	7	8	6	5	1	3	2
6	8	3	2	1	4	7	9	5
8	1	9	6	4	2	3	5	7
3	6	4	5	7	8	9	2	1
5	7	2	9	3	1	4	8	6
7	9	8	1	2	3	5	6	4
4	2	6	7	5	9	8	1	3
1	3	5	4	8	6	2	7	9

219

1	3	7	4	9	5	2	8	6
8	2	5	1	6	7	3	9	4
6	9	4	3	2	8	5	7	1
9	1	2	7	8	6	4	3	5
4	7	8	5	3	1	6	2	9
5	6	3	2	4	9	8	1	7
2	5	9	6	7	3	1	4	8
3	8	1	9	5	4	7	6	2
7	4	6	8	1	2	9	5	3

220

5	8	2	9	3	7	4	6	1
3	1	6	2	4	5	9	8	7
4	7	9	6	1	8	2	5	3
1	5	7	4	2	6	3	9	8
2	3	8	1	7	9	5	4	6
9	6	4	8	5	3	1	7	2
7	2	1	5	8	4	6	3	9
6	4	3	7	9	1	8	2	5
8	9	5	3	6	2	7	1	4

221

3	8	5	7	1	2	4	9	6
2	4	6	8	9	3	1	5	7
7	9	1	4	6	5	8	2	3
5	3	4	6	8	9	2	7	1
6	7	2	3	4	1	9	8	5
8	1	9	2	5	7	3	6	4
9	6	7	1	2	4	5	3	8
1	5	3	9	7	8	6	4	2
4	2	8	5	3	6	7	1	9

222

2	9	1	5	3	4	8	6	7
5	8	7	6	2	9	1	4	3
6	4	3	1	7	8	9	5	2
3	5	8	4	6	2	7	1	9
7	1	2	8	9	5	4	3	6
9	6	4	7	1	3	5	2	8
4	3	6	9	5	7	2	8	1
1	7	5	2	8	6	3	9	4
8	2	9	3	4	1	6	7	5

223

8	4	2	6	5	7	9	3	1
5	7	9	3	8	1	6	4	2
1	3	6	9	4	2	8	5	7
6	9	7	2	1	4	3	8	5
4	8	1	5	3	9	7	2	6
2	5	3	8	7	6	1	9	4
3	2	8	7	6	5	4	1	9
7	1	5	4	9	3	2	6	8
9	6	4	1	2	8	5	7	3

224

5	2	4	9	1	3	7	8	6
8	6	3	5	7	2	1	4	9
7	9	1	8	4	6	3	2	5
1	4	9	3	8	7	6	5	2
3	8	5	6	2	1	4	9	7
6	7	2	4	9	5	8	1	3
9	1	6	7	5	4	2	3	8
2	3	8	1	6	9	5	7	4
4	5	7	2	3	8	9	6	1

225

9	6	4	7	2	8	5	3	1
7	1	5	9	6	3	2	4	8
3	2	8	4	5	1	7	6	9
5	9	6	3	1	7	4	8	2
1	4	3	2	8	9	6	7	5
2	8	7	6	4	5	9	1	3
4	7	9	8	3	2	1	5	6
6	3	1	5	9	4	8	2	7
8	5	2	1	7	6	3	9	4

226

1	8	2	3	6	7	5	4	9
3	7	5	9	1	4	6	8	2
4	6	9	2	5	8	7	3	1
6	2	8	1	3	5	4	9	7
9	1	7	4	2	6	3	5	8
5	3	4	8	7	9	1	2	6
8	9	6	7	4	3	2	1	5
7	4	1	5	9	2	8	6	3
2	5	3	6	8	1	9	7	4

227

7	2	3	8	4	9	1	6	5
1	4	5	3	2	6	9	8	7
9	6	8	5	1	7	4	3	2
4	5	2	1	7	3	6	9	8
3	8	7	6	9	5	2	1	4
6	1	9	4	8	2	7	5	3
2	7	6	9	3	8	5	4	1
5	3	1	2	6	4	8	7	9
8	9	4	7	5	1	3	2	6

228

3	2	1	8	4	6	9	7	5
9	6	7	1	5	2	8	4	3
8	5	4	3	9	7	1	6	2
6	4	5	9	8	1	3	2	7
2	1	8	6	7	3	4	5	9
7	9	3	4	2	5	6	8	1
1	3	2	5	6	8	7	9	4
4	7	6	2	3	9	5	1	8
5	8	9	7	1	4	2	3	6

229

6	1	5	7	8	2	3	9	4
8	3	2	5	4	9	6	7	1
4	9	7	3	6	1	2	5	8
7	2	3	1	5	4	8	6	9
9	4	8	2	3	6	5	1	7
5	6	1	8	9	7	4	3	2
2	5	6	9	1	8	7	4	3
1	8	4	6	7	3	9	2	5
3	7	9	4	2	5	1	8	6

230

7	6	8	3	1	4	2	5	9
9	3	2	5	8	6	4	7	1
4	5	1	9	2	7	8	3	6
6	2	7	1	4	8	5	9	3
3	8	5	6	7	9	1	2	4
1	9	4	2	3	5	6	8	7
8	7	6	4	5	3	9	1	2
2	4	3	8	9	1	7	6	5
5	1	9	7	6	2	3	4	8

231

9	4	3	6	7	5	8	1	2
2	6	7	9	8	1	4	5	3
8	5	1	2	3	4	6	7	9
3	1	5	8	4	2	9	6	7
4	8	6	1	9	7	3	2	5
7	2	9	3	5	6	1	4	8
5	9	4	7	1	3	2	8	6
1	3	2	5	6	8	7	9	4
6	7	8	4	2	9	5	3	1

232

4	2	8	6	9	7	5	1	3
9	7	1	4	5	3	2	8	6
3	6	5	8	1	2	7	4	9
1	8	3	9	2	5	6	7	4
5	9	7	3	4	6	1	2	8
6	4	2	7	8	1	9	3	5
7	3	9	1	6	4	8	5	2
8	5	4	2	7	9	3	6	1
2	1	6	5	3	8	4	9	7

233

8	9	2	3	1	7	5	4	6
3	1	6	5	8	4	7	2	9
7	5	4	9	6	2	8	3	1
6	4	9	2	7	8	1	5	3
2	8	5	4	3	1	6	9	7
1	7	3	6	5	9	2	8	4
4	6	8	7	2	3	9	1	5
9	2	7	1	4	5	3	6	8
5	3	1	8	9	6	4	7	2

234

8	5	2	9	1	7	4	3	6
3	4	7	8	2	6	9	1	5
6	1	9	3	5	4	8	2	7
1	3	4	2	7	8	6	5	9
9	7	6	5	3	1	2	8	4
2	8	5	4	6	9	1	7	3
7	6	8	1	4	3	5	9	2
5	9	3	6	8	2	7	4	1
4	2	1	7	9	5	3	6	8

235

5	3	8	6	7	9	1	2	4
1	4	9	2	8	5	6	7	3
7	2	6	4	3	1	5	8	9
4	8	3	9	1	6	7	5	2
6	7	1	3	5	2	4	9	8
9	5	2	7	4	8	3	1	6
3	1	4	8	2	7	9	6	5
8	9	7	5	6	4	2	3	1
2	6	5	1	9	3	8	4	7

236

6	2	1	3	8	4	5	9	7
3	5	9	1	7	6	2	4	8
4	8	7	5	9	2	1	3	6
9	7	2	6	4	1	8	5	3
5	4	3	8	2	7	9	6	1
8	1	6	9	3	5	7	2	4
1	9	4	7	5	3	6	8	2
2	6	8	4	1	9	3	7	5
7	3	5	2	6	8	4	1	9

237

6	9	7	1	3	2	4	5	8
3	1	5	8	4	9	2	7	6
4	8	2	7	5	6	9	1	3
2	3	8	4	6	5	7	9	1
9	7	6	2	8	1	3	4	5
5	4	1	3	9	7	8	6	2
7	5	9	6	2	3	1	8	4
1	2	4	5	7	8	6	3	9
8	6	3	9	1	4	5	2	7

238

4	6	2	1	7	5	9	3	8
1	8	3	2	9	6	5	7	4
7	5	9	4	3	8	2	1	6
8	3	7	9	5	4	6	2	1
2	9	1	6	8	3	4	5	7
5	4	6	7	1	2	3	8	9
9	2	5	8	4	1	7	6	3
6	1	4	3	2	7	8	9	5
3	7	8	5	6	9	1	4	2

239

2	9	5	8	3	1	7	6	4
8	6	1	9	4	7	5	3	2
7	4	3	6	5	2	9	8	1
9	7	6	4	1	5	8	2	3
1	5	2	3	9	8	4	7	6
3	8	4	7	2	6	1	9	5
4	2	7	1	6	9	3	5	8
6	1	9	5	8	3	2	4	7
5	3	8	2	7	4	6	1	9

240

8	7	2	3	4	6	5	1	9
9	4	3	7	5	1	6	8	2
1	6	5	8	9	2	7	3	4
6	2	8	9	1	4	3	7	5
5	9	7	2	8	3	4	6	1
3	1	4	5	6	7	2	9	8
4	5	6	1	3	9	8	2	7
7	8	1	6	2	5	9	4	3
2	3	9	4	7	8	1	5	6

241

9	8	6	4	1	7	5	3	2
1	5	2	9	3	6	8	4	7
4	7	3	5	2	8	1	6	9
3	2	5	7	6	1	9	8	4
8	1	9	2	5	4	3	7	6
7	6	4	3	8	9	2	5	1
5	3	1	6	4	2	7	9	8
6	9	8	1	7	5	4	2	3
2	4	7	8	9	3	6	1	5

242

6	5	3	8	9	4	1	2	7
4	2	9	6	7	1	8	5	3
7	1	8	3	2	5	6	4	9
1	4	5	9	3	2	7	8	6
8	9	7	5	4	6	3	1	2
2	3	6	7	1	8	5	9	4
5	8	2	4	6	7	9	3	1
3	6	1	2	8	9	4	7	5
9	7	4	1	5	3	2	6	8

243

1	9	5	8	2	3	7	4	6
8	7	2	4	1	6	5	3	9
3	4	6	5	7	9	2	1	8
7	1	9	6	8	5	4	2	3
2	6	8	7	3	4	1	9	5
4	5	3	1	9	2	6	8	7
9	8	1	2	5	7	3	6	4
5	2	4	3	6	8	9	7	1
6	3	7	9	4	1	8	5	2

244

2	5	3	1	9	7	4	8	6
8	4	1	6	3	5	2	7	9
9	6	7	8	4	2	1	5	3
7	3	2	5	8	9	6	4	1
4	8	9	7	1	6	5	3	2
6	1	5	4	2	3	7	9	8
1	2	8	9	7	4	3	6	5
3	7	6	2	5	8	9	1	4
5	9	4	3	6	1	8	2	7

245

3	6	5	1	4	2	7	8	9
8	2	4	3	9	7	6	5	1
1	7	9	5	6	8	4	2	3
2	3	6	4	8	1	5	9	7
9	4	1	7	5	3	2	6	8
5	8	7	6	2	9	3	1	4
6	5	8	9	7	4	1	3	2
7	1	2	8	3	5	9	4	6
4	9	3	2	1	6	8	7	5

246

6	3	1	8	4	2	5	7	9
8	5	2	7	9	6	3	4	1
7	4	9	3	1	5	6	8	2
4	2	8	9	6	3	1	5	7
5	6	7	1	2	8	9	3	4
1	9	3	5	7	4	2	6	8
3	1	6	4	8	9	7	2	5
9	8	5	2	3	7	4	1	6
2	7	4	6	5	1	8	9	3

247

4	9	3	8	5	7	6	1	2
2	5	8	1	6	9	4	3	7
7	6	1	2	4	3	5	8	9
8	7	2	5	1	4	3	9	6
9	3	4	7	8	6	1	2	5
5	1	6	9	3	2	7	4	8
1	4	9	6	7	8	2	5	3
3	2	7	4	9	5	8	6	1
6	8	5	3	2	1	9	7	4

248

6	3	7	2	8	5	1	9	4
2	1	5	4	6	9	7	3	8
9	8	4	7	3	1	5	2	6
4	6	1	9	7	8	3	5	2
7	5	2	3	4	6	8	1	9
3	9	8	1	5	2	6	4	7
8	4	3	5	9	7	2	6	1
1	7	9	6	2	3	4	8	5
5	2	6	8	1	4	9	7	3

249

9	2	5	7	8	6	3	1	4
6	1	8	4	2	3	5	7	9
4	3	7	9	1	5	6	8	2
1	7	3	5	4	8	9	2	6
5	6	9	1	7	2	4	3	8
2	8	4	6	3	9	1	5	7
8	9	2	3	6	1	7	4	5
7	5	1	8	9	4	2	6	3
3	4	6	2	5	7	8	9	1

250

3	7	4	9	5	1	6	2	8
5	1	8	4	6	2	9	7	3
6	2	9	8	7	3	4	5	1
7	4	6	1	9	8	5	3	2
2	9	1	6	3	5	7	8	4
8	3	5	7	2	4	1	9	6
1	8	2	5	4	9	3	6	7
4	5	7	3	8	6	2	1	9
9	6	3	2	1	7	8	4	5

251

8	4	6	3	9	7	5	1	2
9	2	5	8	6	1	4	3	7
7	3	1	5	2	4	6	8	9
6	8	3	1	5	2	7	9	4
2	5	7	4	8	9	3	6	1
4	1	9	7	3	6	8	2	5
1	7	2	6	4	8	9	5	3
3	6	4	9	1	5	2	7	8
5	9	8	2	7	3	1	4	6

252

5	1	6	3	4	2	9	8	7
2	7	4	9	8	1	6	3	5
8	9	3	6	5	7	1	4	2
3	2	8	7	6	9	4	5	1
4	6	9	8	1	5	7	2	3
1	5	7	2	3	4	8	6	9
9	8	1	5	2	6	3	7	4
7	3	5	4	9	8	2	1	6
6	4	2	1	7	3	5	9	8

253

2	1	8	4	6	5	7	3	9
6	7	9	3	8	2	4	5	1
4	5	3	1	7	9	6	2	8
7	4	1	9	2	6	5	8	3
8	6	5	7	1	3	2	9	4
9	3	2	8	5	4	1	7	6
3	9	7	2	4	1	8	6	5
1	2	6	5	9	8	3	4	7
5	8	4	6	3	7	9	1	2

254

1	8	7	5	2	6	9	4	3
9	3	5	7	1	4	8	2	6
4	6	2	3	8	9	5	7	1
7	9	8	4	5	3	6	1	2
3	4	1	6	9	2	7	5	8
2	5	6	8	7	1	3	9	4
8	7	4	2	6	5	1	3	9
6	1	3	9	4	7	2	8	5
5	2	9	1	3	8	4	6	7

255

9	7	3	4	2	6	8	1	5
1	5	2	8	7	9	4	6	3
6	8	4	3	1	5	9	2	7
5	6	1	7	8	3	2	9	4
4	9	7	1	5	2	6	3	8
3	2	8	9	6	4	5	7	1
8	4	9	6	3	1	7	5	2
2	3	6	5	4	7	1	8	9
7	1	5	2	9	8	3	4	6

256

9	3	4	6	5	8	1	2	7
8	6	7	2	1	4	3	9	5
2	5	1	3	7	9	6	4	8
3	7	9	5	6	1	2	8	4
6	2	8	4	9	7	5	1	3
4	1	5	8	2	3	7	6	9
5	9	6	7	8	2	4	3	1
7	8	3	1	4	6	9	5	2
1	4	2	9	3	5	8	7	6

257

5	2	9	1	3	6	7	8	4
8	7	1	9	5	4	3	2	6
3	6	4	2	8	7	1	5	9
2	3	8	4	7	9	5	6	1
9	5	7	6	1	8	2	4	3
4	1	6	3	2	5	9	7	8
1	8	2	5	6	3	4	9	7
6	9	3	7	4	2	8	1	5
7	4	5	8	9	1	6	3	2

258

3	9	5	4	1	8	2	6	7
2	7	4	9	3	6	5	1	8
6	8	1	5	7	2	9	3	4
8	2	7	3	9	1	6	4	5
1	6	3	8	4	5	7	2	9
5	4	9	6	2	7	3	8	1
7	3	8	2	5	4	1	9	6
4	1	2	7	6	9	8	5	3
9	5	6	1	8	3	4	7	2

259

3	9	6	2	7	1	4	5	8
1	5	4	8	3	9	7	2	6
8	7	2	6	5	4	9	1	3
6	3	5	9	2	7	8	4	1
4	2	1	5	6	8	3	9	7
7	8	9	1	4	3	5	6	2
2	1	3	7	9	5	6	8	4
9	6	7	4	8	2	1	3	5
5	4	8	3	1	6	2	7	9

260

5	7	4	9	3	6	1	8	2
9	6	8	2	1	5	7	3	4
2	3	1	7	8	4	5	6	9
8	1	5	3	6	2	4	9	7
7	9	3	1	4	8	2	5	6
6	4	2	5	7	9	8	1	3
4	5	9	6	2	1	3	7	8
1	8	7	4	9	3	6	2	5
3	2	6	8	5	7	9	4	1

261

3	8	7	2	4	9	5	1	6
9	6	5	7	8	1	2	3	4
4	2	1	6	5	3	7	9	8
1	4	2	3	7	6	9	8	5
5	3	6	1	9	8	4	7	2
7	9	8	5	2	4	1	6	3
6	5	3	4	1	7	8	2	9
8	1	4	9	3	2	6	5	7
2	7	9	8	6	5	3	4	1

262

9	4	5	8	6	1	3	2	7
6	1	3	7	2	4	5	8	9
7	8	2	3	5	9	6	4	1
3	5	6	1	4	7	8	9	2
2	7	8	9	3	6	4	1	5
4	9	1	2	8	5	7	6	3
5	6	7	4	1	2	9	3	8
1	3	9	6	7	8	2	5	4
8	2	4	5	9	3	1	7	6

263

4	3	5	2	6	9	1	8	7
1	6	2	3	8	7	5	4	9
8	9	7	5	4	1	2	6	3
3	8	4	1	9	6	7	5	2
7	1	6	8	2	5	3	9	4
5	2	9	4	7	3	6	1	8
2	5	1	9	3	4	8	7	6
9	7	3	6	5	8	4	2	1
6	4	8	7	1	2	9	3	5

264

2	7	8	5	3	1	4	9	6
6	4	9	8	7	2	3	5	1
1	3	5	6	4	9	2	7	8
5	1	6	3	2	4	7	8	9
7	2	4	9	6	8	5	1	3
8	9	3	7	1	5	6	2	4
3	8	1	2	5	6	9	4	7
4	5	7	1	9	3	8	6	2
9	6	2	4	8	7	1	3	5

265

8	1	6	3	4	9	5	2	7
2	9	5	8	1	7	3	4	6
7	4	3	6	2	5	9	1	8
6	2	4	1	5	8	7	3	9
9	7	1	2	6	3	8	5	4
5	3	8	9	7	4	1	6	2
4	8	9	5	3	2	6	7	1
3	6	7	4	9	1	2	8	5
1	5	2	7	8	6	4	9	3

266

2	6	1	8	4	5	3	9	7
3	7	4	6	1	9	8	5	2
5	8	9	2	3	7	4	6	1
4	1	2	3	5	6	9	7	8
7	3	8	9	2	1	5	4	6
6	9	5	7	8	4	2	1	3
9	2	6	4	7	3	1	8	5
8	5	7	1	9	2	6	3	4
1	4	3	5	6	8	7	2	9

267

9	5	2	7	8	1	4	6	3
1	6	3	9	4	5	7	8	2
7	4	8	3	2	6	1	5	9
4	2	1	6	7	9	8	3	5
5	8	9	2	1	3	6	7	4
6	3	7	8	5	4	9	2	1
8	7	5	1	9	2	3	4	6
3	1	4	5	6	7	2	9	8
2	9	6	4	3	8	5	1	7

268

9	1	4	5	2	7	8	3	6
7	5	3	8	6	9	2	4	1
6	8	2	4	3	1	7	5	9
5	7	8	2	9	3	6	1	4
2	4	6	1	8	5	9	7	3
1	3	9	6	7	4	5	2	8
3	2	5	9	4	6	1	8	7
4	6	1	7	5	8	3	9	2
8	9	7	3	1	2	4	6	5

269

6	5	3	2	1	9	7	4	8
1	7	2	8	3	4	5	6	9
8	9	4	6	5	7	1	2	3
3	6	5	7	9	8	4	1	2
4	1	9	3	2	5	6	8	7
7	2	8	4	6	1	3	9	5
5	4	1	9	8	3	2	7	6
9	3	6	1	7	2	8	5	4
2	8	7	5	4	6	9	3	1

270

6	4	3	5	2	7	9	1	8
1	5	2	9	8	3	7	4	6
7	9	8	6	1	4	2	3	5
3	6	9	1	4	2	8	5	7
2	7	4	8	5	9	1	6	3
5	8	1	7	3	6	4	2	9
4	3	7	2	9	5	6	8	1
8	2	6	3	7	1	5	9	4
9	1	5	4	6	8	3	7	2

271

4	7	2	5	8	9	6	3	1
5	9	6	2	1	3	4	7	8
1	3	8	7	4	6	2	9	5
3	4	5	6	2	7	1	8	9
6	8	9	1	5	4	7	2	3
2	1	7	9	3	8	5	6	4
8	6	1	3	7	5	9	4	2
7	2	3	4	9	1	8	5	6
9	5	4	8	6	2	3	1	7

272

1	5	6	9	7	4	8	3	2
9	3	4	1	8	2	5	7	6
2	8	7	3	5	6	4	1	9
7	1	8	5	6	9	3	2	4
4	9	3	2	1	7	6	8	5
6	2	5	4	3	8	7	9	1
8	4	9	6	2	3	1	5	7
3	6	1	7	9	5	2	4	8
5	7	2	8	4	1	9	6	3

273

5	9	7	1	6	8	3	4	2
8	2	3	9	4	7	5	1	6
1	4	6	5	3	2	7	8	9
7	8	2	6	9	5	1	3	4
4	5	9	2	1	3	6	7	8
3	6	1	8	7	4	9	2	5
9	7	5	4	8	1	2	6	3
2	1	4	3	5	6	8	9	7
6	3	8	7	2	9	4	5	1

274

8	3	2	1	7	6	5	9	4
1	9	6	4	8	5	2	3	7
4	5	7	2	9	3	8	6	1
7	2	1	5	6	9	4	8	3
5	8	4	3	2	1	9	7	6
3	6	9	8	4	7	1	5	2
9	7	8	6	1	2	3	4	5
2	4	5	7	3	8	6	1	9
6	1	3	9	5	4	7	2	8

275

7	1	5	2	8	9	6	3	4
3	8	6	1	7	4	5	2	9
4	2	9	3	5	6	7	8	1
5	7	3	8	9	1	4	6	2
2	4	8	7	6	3	9	1	5
6	9	1	4	2	5	3	7	8
1	6	4	9	3	8	2	5	7
9	5	2	6	1	7	8	4	3
8	3	7	5	4	2	1	9	6

276

3	8	9	2	4	1	5	6	7
5	4	7	9	6	8	3	2	1
2	1	6	7	5	3	4	8	9
6	7	4	1	9	2	8	3	5
9	2	8	5	3	6	1	7	4
1	3	5	4	8	7	6	9	2
4	6	2	3	7	5	9	1	8
8	9	1	6	2	4	7	5	3
7	5	3	8	1	9	2	4	6

277

1	7	2	9	4	5	6	3	8
3	9	8	1	2	6	4	7	5
6	4	5	7	8	3	9	2	1
7	6	1	2	5	8	3	9	4
9	8	3	4	6	7	1	5	2
5	2	4	3	1	9	8	6	7
4	3	9	5	7	1	2	8	6
2	5	6	8	9	4	7	1	3
8	1	7	6	3	2	5	4	9

278

6	4	3	8	9	5	7	2	1
5	8	2	7	1	3	9	6	4
1	7	9	2	4	6	5	3	8
9	6	1	4	3	7	2	8	5
7	2	4	6	5	8	3	1	9
3	5	8	1	2	9	6	4	7
4	1	5	9	6	2	8	7	3
8	3	6	5	7	1	4	9	2
2	9	7	3	8	4	1	5	6

279

2	4	5	3	6	8	9	1	7
7	3	6	5	1	9	8	2	4
1	8	9	2	4	7	5	6	3
3	5	7	8	9	1	6	4	2
6	2	1	4	7	5	3	9	8
4	9	8	6	3	2	7	5	1
9	6	3	1	8	4	2	7	5
8	1	2	7	5	6	4	3	9
5	7	4	9	2	3	1	8	6

280

4	9	7	8	2	3	6	5	1
6	5	8	9	4	1	3	2	7
3	1	2	5	7	6	8	9	4
9	2	6	7	1	5	4	3	8
5	3	1	4	8	9	2	7	6
7	8	4	6	3	2	5	1	9
2	7	9	3	6	4	1	8	5
1	4	5	2	9	8	7	6	3
8	6	3	1	5	7	9	4	2

281

4	3	6	1	5	8	2	7	9
7	1	2	9	3	6	4	5	8
5	8	9	7	2	4	3	6	1
9	7	5	4	8	2	1	3	6
2	4	1	3	6	9	5	8	7
3	6	8	5	1	7	9	2	4
8	5	7	2	9	1	6	4	3
6	9	3	8	4	5	7	1	2
1	2	4	6	7	3	8	9	5

282

9	2	7	1	6	8	3	4	5
4	5	6	3	2	7	8	9	1
1	3	8	4	9	5	2	7	6
7	4	3	9	5	1	6	2	8
2	9	5	7	8	6	4	1	3
8	6	1	2	3	4	7	5	9
3	8	4	5	7	9	1	6	2
6	7	9	8	1	2	5	3	4
5	1	2	6	4	3	9	8	7

283

2	4	6	8	9	3	5	7	1
5	7	3	1	6	2	4	8	9
1	8	9	5	4	7	3	6	2
7	3	1	6	8	9	2	5	4
9	6	2	4	7	5	8	1	3
4	5	8	3	2	1	7	9	6
3	1	4	7	5	6	9	2	8
6	2	7	9	3	8	1	4	5
8	9	5	2	1	4	6	3	7

284

5	3	4	7	6	1	8	2	9
1	2	6	8	5	9	3	7	4
8	7	9	4	2	3	6	1	5
9	6	1	3	4	7	2	5	8
7	4	3	5	8	2	1	9	6
2	5	8	9	1	6	7	4	3
3	8	2	1	9	5	4	6	7
4	1	5	6	7	8	9	3	2
6	9	7	2	3	4	5	8	1

285

5	7	3	2	9	8	6	1	4
4	9	1	6	3	5	8	7	2
2	8	6	7	1	4	5	9	3
7	2	5	4	6	9	3	8	1
9	3	4	5	8	1	2	6	7
1	6	8	3	7	2	4	5	9
6	5	9	1	4	3	7	2	8
3	1	2	8	5	7	9	4	6
8	4	7	9	2	6	1	3	5

286

4	3	9	5	6	2	1	8	7
8	1	7	4	9	3	2	6	5
5	6	2	8	1	7	4	9	3
9	2	6	1	3	4	7	5	8
3	5	4	7	8	6	9	1	2
1	7	8	9	2	5	3	4	6
2	4	3	6	5	1	8	7	9
7	9	5	2	4	8	6	3	1
6	8	1	3	7	9	5	2	4

287

5	9	7	4	3	2	8	6	1
4	8	2	6	9	1	5	7	3
3	1	6	5	7	8	2	9	4
9	6	8	3	1	4	7	2	5
7	3	4	9	2	5	1	8	6
1	2	5	7	8	6	3	4	9
6	4	1	8	5	7	9	3	2
8	5	3	2	6	9	4	1	7
2	7	9	1	4	3	6	5	8

288

3	7	9	1	8	4	5	6	2
4	6	5	2	3	9	1	8	7
8	2	1	7	5	6	3	9	4
7	5	8	6	2	3	9	4	1
9	1	3	4	7	5	8	2	6
6	4	2	8	9	1	7	3	5
2	8	4	9	1	7	6	5	3
5	9	7	3	6	2	4	1	8
1	3	6	5	4	8	2	7	9

289

3	4	2	9	6	1	7	8	5
1	9	5	8	7	3	4	2	6
7	6	8	2	5	4	1	9	3
2	1	6	3	9	5	8	4	7
5	7	4	1	8	6	9	3	2
8	3	9	7	4	2	5	6	1
9	5	3	4	2	7	6	1	8
6	8	1	5	3	9	2	7	4
4	2	7	6	1	8	3	5	9

290

2	6	5	1	7	3	8	9	4
3	7	1	4	9	8	2	5	6
4	8	9	6	2	5	7	3	1
5	2	4	8	1	7	9	6	3
8	1	6	9	3	4	5	7	2
9	3	7	5	6	2	1	4	8
1	4	8	3	5	9	6	2	7
6	9	2	7	4	1	3	8	5
7	5	3	2	8	6	4	1	9

291

1	5	2	4	3	8	7	6	9
9	4	6	5	7	1	2	8	3
3	8	7	6	9	2	1	5	4
4	7	8	1	2	9	5	3	6
5	2	1	3	6	4	9	7	8
6	9	3	7	8	5	4	1	2
2	1	5	8	4	6	3	9	7
8	3	9	2	5	7	6	4	1
7	6	4	9	1	3	8	2	5

292

7	9	6	1	4	8	3	2	5
1	2	3	5	9	7	8	6	4
5	8	4	6	2	3	9	1	7
4	1	2	3	7	6	5	9	8
3	6	8	9	5	1	7	4	2
9	5	7	4	8	2	6	3	1
2	3	5	8	6	4	1	7	9
8	7	1	2	3	9	4	5	6
6	4	9	7	1	5	2	8	3

293

4	1	9	8	2	3	5	7	6
6	8	5	7	4	9	1	3	2
2	3	7	5	6	1	9	8	4
1	9	8	3	7	4	2	6	5
3	7	6	2	1	5	4	9	8
5	4	2	9	8	6	7	1	3
8	2	4	1	3	7	6	5	9
7	5	3	6	9	2	8	4	1
9	6	1	4	5	8	3	2	7

294

3	5	8	9	2	6	7	1	4
6	4	9	5	7	1	3	2	8
7	1	2	4	8	3	5	9	6
8	7	4	3	9	5	1	6	2
2	9	5	1	6	7	8	4	3
1	3	6	8	4	2	9	7	5
9	2	7	6	5	8	4	3	1
4	8	1	2	3	9	6	5	7
5	6	3	7	1	4	2	8	9

295

3	4	8	1	9	6	7	2	5
1	5	7	2	4	8	6	3	9
9	6	2	5	3	7	8	4	1
4	3	5	8	1	9	2	7	6
2	7	1	6	5	4	9	8	3
6	8	9	7	2	3	5	1	4
7	1	6	3	8	5	4	9	2
5	2	4	9	7	1	3	6	8
8	9	3	4	6	2	1	5	7

296

9	3	5	7	8	6	1	4	2
7	1	4	3	2	9	6	5	8
2	8	6	5	1	4	9	7	3
5	6	2	1	7	8	4	3	9
3	4	7	9	5	2	8	6	1
8	9	1	6	4	3	5	2	7
1	7	9	2	6	5	3	8	4
4	5	3	8	9	7	2	1	6
6	2	8	4	3	1	7	9	5

297

4	8	9	5	3	6	2	1	7
7	2	5	4	8	1	3	9	6
6	1	3	7	2	9	4	8	5
9	6	1	8	7	3	5	4	2
2	7	8	1	4	5	9	6	3
3	5	4	6	9	2	1	7	8
1	4	6	3	5	8	7	2	9
5	9	7	2	6	4	8	3	1
8	3	2	9	1	7	6	5	4

298

1	6	3	8	5	9	4	7	2
9	7	5	6	2	4	3	8	1
4	8	2	3	1	7	9	5	6
5	1	4	7	3	8	6	2	9
6	3	8	2	9	5	7	1	4
2	9	7	1	4	6	5	3	8
3	4	1	9	7	2	8	6	5
8	2	9	5	6	3	1	4	7
7	5	6	4	8	1	2	9	3

299

2	4	3	6	7	5	1	9	8
7	1	6	4	9	8	2	5	3
5	9	8	1	2	3	4	7	6
4	6	2	3	5	1	9	8	7
9	3	5	2	8	7	6	4	1
1	8	7	9	6	4	5	3	2
6	2	4	8	3	9	7	1	5
8	7	1	5	4	2	3	6	9
3	5	9	7	1	6	8	2	4

300

1	4	3	2	7	8	5	6	9
7	6	2	5	1	9	4	3	8
5	9	8	4	3	6	2	7	1
8	1	4	6	9	7	3	5	2
3	5	6	8	2	4	1	9	7
2	7	9	3	5	1	6	8	4
6	8	1	9	4	3	7	2	5
4	3	5	7	8	2	9	1	6
9	2	7	1	6	5	8	4	3

301

9	8	2	5	7	6	1	4	3
1	3	5	8	4	9	6	2	7
7	6	4	1	3	2	9	5	8
5	4	7	6	2	8	3	9	1
6	2	1	4	9	3	8	7	5
3	9	8	7	1	5	4	6	2
8	5	3	9	6	7	2	1	4
4	7	9	2	8	1	5	3	6
2	1	6	3	5	4	7	8	9

302

8	3	9	1	2	5	4	7	6
1	5	6	7	3	4	2	9	8
7	4	2	9	6	8	3	1	5
5	9	3	2	4	6	7	8	1
2	8	1	3	9	7	5	6	4
6	7	4	8	5	1	9	2	3
4	2	5	6	1	9	8	3	7
9	1	8	4	7	3	6	5	2
3	6	7	5	8	2	1	4	9

303

8	9	1	6	4	2	5	3	7
5	4	3	9	7	1	2	6	8
2	6	7	5	3	8	9	1	4
7	1	5	3	2	4	8	9	6
3	8	4	1	9	6	7	2	5
6	2	9	7	8	5	1	4	3
1	5	8	2	6	3	4	7	9
9	3	2	4	5	7	6	8	1
4	7	6	8	1	9	3	5	2

304

4	3	1	2	9	5	8	6	7
9	6	8	3	7	1	4	2	5
7	5	2	8	4	6	1	3	9
8	4	3	6	1	7	9	5	2
5	2	6	4	8	9	7	1	3
1	7	9	5	3	2	6	8	4
2	1	5	9	6	4	3	7	8
6	8	4	7	5	3	2	9	1
3	9	7	1	2	8	5	4	6

305

9	1	5	4	7	8	6	3	2
3	8	6	9	5	2	7	1	4
4	7	2	1	3	6	5	9	8
1	2	7	3	6	9	4	8	5
5	9	8	2	4	7	3	6	1
6	3	4	5	8	1	2	7	9
2	4	9	6	1	3	8	5	7
7	5	3	8	9	4	1	2	6
8	6	1	7	2	5	9	4	3

306

1	6	7	3	2	8	5	9	4
2	5	8	9	1	4	7	6	3
4	3	9	6	7	5	1	2	8
5	8	2	7	9	3	4	1	6
6	1	4	8	5	2	9	3	7
7	9	3	1	4	6	8	5	2
3	4	1	2	8	9	6	7	5
9	2	5	4	6	7	3	8	1
8	7	6	5	3	1	2	4	9

307

9	8	6	3	2	7	4	5	1
4	5	1	6	9	8	3	2	7
3	2	7	1	5	4	9	8	6
2	9	4	7	8	6	1	3	5
5	7	3	4	1	9	2	6	8
1	6	8	5	3	2	7	4	9
7	1	2	8	6	3	5	9	4
6	4	9	2	7	5	8	1	3
8	3	5	9	4	1	6	7	2

308

2	7	3	9	5	8	6	1	4
8	5	6	2	4	1	9	7	3
1	4	9	3	6	7	5	2	8
6	8	5	7	3	4	1	9	2
4	9	1	6	2	5	3	8	7
7	3	2	1	8	9	4	5	6
9	1	4	8	7	3	2	6	5
3	6	8	5	1	2	7	4	9
5	2	7	4	9	6	8	3	1

309

7	4	6	9	3	5	2	8	1
8	1	3	4	2	6	5	9	7
9	2	5	8	1	7	6	4	3
5	8	9	7	6	3	1	2	4
2	3	4	5	9	1	8	7	6
6	7	1	2	8	4	3	5	9
1	5	7	6	4	2	9	3	8
3	9	2	1	7	8	4	6	5
4	6	8	3	5	9	7	1	2

310

9	4	5	1	8	7	2	6	3
6	7	8	2	3	4	5	9	1
2	3	1	6	5	9	8	7	4
1	2	7	4	6	8	9	3	5
3	6	9	5	1	2	4	8	7
8	5	4	7	9	3	6	1	2
5	9	2	3	7	6	1	4	8
4	8	3	9	2	1	7	5	6
7	1	6	8	4	5	3	2	9

311

4	2	5	1	9	6	7	8	3
9	7	6	3	8	4	1	2	5
8	1	3	5	2	7	9	4	6
1	4	7	9	6	5	2	3	8
6	5	2	7	3	8	4	1	9
3	8	9	4	1	2	6	5	7
2	9	8	6	4	3	5	7	1
7	6	4	8	5	1	3	9	2
5	3	1	2	7	9	8	6	4

312

9	7	2	5	3	6	1	8	4
3	8	1	9	2	4	7	6	5
4	5	6	8	7	1	9	2	3
2	6	8	3	1	5	4	9	7
1	4	5	7	8	9	6	3	2
7	3	9	6	4	2	5	1	8
5	1	3	2	6	7	8	4	9
8	9	4	1	5	3	2	7	6
6	2	7	4	9	8	3	5	1

313

7	9	4	6	2	8	5	3	1
8	2	6	1	5	3	4	9	7
1	5	3	4	9	7	2	8	6
3	7	9	2	8	6	1	4	5
2	8	5	9	4	1	6	7	3
6	4	1	3	7	5	8	2	9
5	3	7	8	1	2	9	6	4
9	6	8	5	3	4	7	1	2
4	1	2	7	6	9	3	5	8

314

7	3	2	4	6	8	5	1	9
9	6	5	3	2	1	4	7	8
4	8	1	9	7	5	2	3	6
8	7	9	5	1	2	6	4	3
2	1	3	6	4	7	8	9	5
5	4	6	8	3	9	7	2	1
1	5	4	2	8	3	9	6	7
3	2	8	7	9	6	1	5	4
6	9	7	1	5	4	3	8	2

315

1	2	6	8	7	5	9	3	4
7	5	4	9	3	6	2	8	1
8	3	9	2	1	4	6	7	5
4	6	1	3	2	8	7	5	9
3	7	5	4	6	9	8	1	2
2	9	8	7	5	1	3	4	6
6	4	3	1	9	7	5	2	8
9	1	2	5	8	3	4	6	7
5	8	7	6	4	2	1	9	3

316

2	1	5	8	3	4	9	6	7
6	7	8	9	5	2	4	3	1
3	4	9	1	6	7	2	8	5
7	8	6	3	2	5	1	4	9
5	9	3	4	8	1	7	2	6
1	2	4	6	7	9	8	5	3
8	5	1	2	9	3	6	7	4
9	3	2	7	4	6	5	1	8
4	6	7	5	1	8	3	9	2

317

3	7	5	9	2	1	8	6	4
2	8	4	7	3	6	1	9	5
1	6	9	4	5	8	2	7	3
7	4	2	8	9	3	5	1	6
6	1	8	2	4	5	9	3	7
5	9	3	1	6	7	4	8	2
9	3	7	5	1	4	6	2	8
8	5	1	6	7	2	3	4	9
4	2	6	3	8	9	7	5	1

318

1	8	4	3	2	9	6	5	7
9	2	6	5	7	1	3	8	4
3	7	5	4	8	6	2	1	9
6	9	2	1	3	7	8	4	5
5	1	7	2	4	8	9	6	3
4	3	8	9	6	5	1	7	2
7	4	1	6	9	3	5	2	8
2	6	9	8	5	4	7	3	1
8	5	3	7	1	2	4	9	6

319

4	1	3	2	9	8	6	5	7
5	9	2	6	7	4	1	8	3
8	7	6	1	3	5	4	9	2
2	5	1	8	4	6	3	7	9
3	4	9	7	5	2	8	1	6
6	8	7	3	1	9	5	2	4
9	2	4	5	8	3	7	6	1
7	3	5	9	6	1	2	4	8
1	6	8	4	2	7	9	3	5

320

3	7	1	8	2	6	9	5	4
4	8	2	5	9	1	7	6	3
6	5	9	7	4	3	1	8	2
2	1	3	9	8	5	6	4	7
9	6	5	3	7	4	8	2	1
8	4	7	1	6	2	5	3	9
1	9	4	2	5	8	3	7	6
5	3	6	4	1	7	2	9	8
7	2	8	6	3	9	4	1	5

321

9	8	1	3	6	4	5	7	2
6	5	2	9	7	8	3	4	1
4	3	7	1	2	5	6	9	8
7	2	6	5	9	1	4	8	3
3	1	5	4	8	2	7	6	9
8	9	4	6	3	7	1	2	5
2	4	3	8	5	6	9	1	7
5	6	8	7	1	9	2	3	4
1	7	9	2	4	3	8	5	6

322

8	3	4	7	6	9	1	5	2
1	5	6	2	3	4	7	8	9
7	2	9	8	5	1	6	4	3
5	9	8	3	1	2	4	6	7
2	4	3	6	8	7	9	1	5
6	7	1	9	4	5	3	2	8
4	8	5	1	9	3	2	7	6
3	1	2	5	7	6	8	9	4
9	6	7	4	2	8	5	3	1

323

4	2	6	9	5	8	1	7	3
8	5	1	3	7	4	6	9	2
7	3	9	1	6	2	8	5	4
9	1	4	8	2	5	7	3	6
5	7	2	6	4	3	9	1	8
6	8	3	7	1	9	4	2	5
1	6	8	5	3	7	2	4	9
3	4	7	2	9	6	5	8	1
2	9	5	4	8	1	3	6	7

324

6	8	9	5	4	7	3	2	1
2	5	7	8	3	1	9	6	4
1	3	4	6	2	9	8	5	7
9	7	2	3	1	4	5	8	6
5	6	1	2	9	8	4	7	3
8	4	3	7	5	6	2	1	9
7	9	6	4	8	5	1	3	2
3	1	8	9	7	2	6	4	5
4	2	5	1	6	3	7	9	8

325

2	7	8	4	1	3	5	6	9
6	4	3	5	8	9	1	7	2
9	5	1	6	7	2	4	8	3
4	3	2	8	9	7	6	5	1
5	8	9	1	6	4	3	2	7
1	6	7	3	2	5	8	9	4
8	9	6	7	3	1	2	4	5
3	2	4	9	5	8	7	1	6
7	1	5	2	4	6	9	3	8

326

9	5	2	1	4	3	6	7	8
8	3	6	9	2	7	1	5	4
7	4	1	5	6	8	3	2	9
5	1	8	6	3	2	4	9	7
6	2	4	7	1	9	5	8	3
3	9	7	4	8	5	2	1	6
1	7	5	3	9	4	8	6	2
4	8	9	2	5	6	7	3	1
2	6	3	8	7	1	9	4	5

327

1	9	5	2	6	8	7	4	3
6	3	7	1	9	4	8	5	2
4	8	2	3	7	5	9	1	6
7	6	1	4	2	9	3	8	5
8	2	4	6	5	3	1	7	9
9	5	3	8	1	7	2	6	4
3	7	6	5	8	2	4	9	1
5	4	9	7	3	1	6	2	8
2	1	8	9	4	6	5	3	7

328

6	3	7	9	5	2	4	8	1
8	5	9	4	1	3	7	6	2
2	4	1	8	7	6	5	9	3
9	6	2	7	4	8	1	3	5
7	8	3	5	2	1	6	4	9
4	1	5	3	6	9	2	7	8
5	7	8	2	9	4	3	1	6
1	9	4	6	3	5	8	2	7
3	2	6	1	8	7	9	5	4

329

4	2	8	7	9	6	1	5	3
6	9	3	1	8	5	2	7	4
5	7	1	3	2	4	8	6	9
3	5	4	8	6	2	9	1	7
1	8	7	5	3	9	4	2	6
2	6	9	4	7	1	3	8	5
7	4	6	2	1	3	5	9	8
9	1	5	6	4	8	7	3	2
8	3	2	9	5	7	6	4	1

330

6	2	8	7	4	5	9	1	3
4	7	1	8	9	3	6	5	2
9	3	5	6	1	2	7	4	8
8	6	9	5	3	1	2	7	4
3	4	2	9	7	6	5	8	1
1	5	7	2	8	4	3	9	6
5	1	4	3	6	7	8	2	9
7	8	3	1	2	9	4	6	5
2	9	6	4	5	8	1	3	7

331

2	7	3	8	5	4	9	6	1
5	9	6	1	2	7	4	8	3
8	4	1	6	3	9	5	2	7
6	8	5	2	7	1	3	9	4
1	2	4	3	9	6	7	5	8
9	3	7	5	4	8	6	1	2
4	5	2	9	8	3	1	7	6
7	1	8	4	6	5	2	3	9
3	6	9	7	1	2	8	4	5

332

9	1	8	3	7	6	2	4	5
7	3	5	9	2	4	6	1	8
6	2	4	5	8	1	7	3	9
8	5	3	2	6	9	1	7	4
4	9	7	1	5	3	8	6	2
1	6	2	7	4	8	9	5	3
3	8	1	4	9	7	5	2	6
2	7	6	8	3	5	4	9	1
5	4	9	6	1	2	3	8	7

333

8	1	3	6	2	5	7	9	4
2	7	6	9	4	8	3	1	5
5	9	4	1	3	7	8	6	2
3	8	1	2	5	6	9	4	7
6	2	9	7	1	4	5	3	8
4	5	7	8	9	3	1	2	6
1	4	5	3	8	2	6	7	9
7	3	8	4	6	9	2	5	1
9	6	2	5	7	1	4	8	3

334

3	4	1	7	9	5	6	8	2
6	5	2	1	3	8	4	9	7
8	9	7	6	4	2	1	3	5
4	2	5	3	8	6	7	1	9
7	3	9	2	5	1	8	4	6
1	8	6	4	7	9	2	5	3
5	6	8	9	2	4	3	7	1
9	1	3	8	6	7	5	2	4
2	7	4	5	1	3	9	6	8

335

3	6	7	9	1	5	4	8	2
8	4	1	7	2	6	9	3	5
9	2	5	3	4	8	7	6	1
2	1	6	5	9	4	3	7	8
5	9	8	1	7	3	2	4	6
4	7	3	6	8	2	1	5	9
6	5	4	2	3	9	8	1	7
7	8	2	4	5	1	6	9	3
1	3	9	8	6	7	5	2	4

336

2	4	8	3	7	1	5	6	9
7	9	3	2	5	6	4	8	1
1	6	5	8	4	9	3	2	7
9	1	2	7	8	3	6	4	5
5	7	6	4	9	2	8	1	3
8	3	4	6	1	5	9	7	2
3	2	7	5	6	8	1	9	4
4	8	1	9	3	7	2	5	6
6	5	9	1	2	4	7	3	8

337

1	5	2	3	9	8	4	6	7
4	8	6	1	7	5	2	3	9
9	7	3	2	6	4	8	5	1
7	4	8	5	1	3	9	2	6
6	9	1	8	2	7	3	4	5
3	2	5	9	4	6	1	7	8
5	3	9	6	8	2	7	1	4
8	6	7	4	3	1	5	9	2
2	1	4	7	5	9	6	8	3

338

6	4	8	9	3	2	7	5	1
3	7	1	8	4	5	2	9	6
9	2	5	1	7	6	8	3	4
4	8	3	7	6	9	5	1	2
2	5	9	4	8	1	6	7	3
7	1	6	5	2	3	4	8	9
1	3	7	2	5	4	9	6	8
5	9	2	6	1	8	3	4	7
8	6	4	3	9	7	1	2	5

339

3	9	8	6	1	2	7	4	5
4	2	1	9	7	5	6	8	3
7	5	6	4	8	3	1	9	2
5	7	4	3	6	1	8	2	9
6	3	9	5	2	8	4	1	7
8	1	2	7	4	9	5	3	6
2	6	7	8	3	4	9	5	1
9	8	3	1	5	7	2	6	4
1	4	5	2	9	6	3	7	8

340

6	4	2	5	7	1	9	3	8
5	7	8	4	9	3	2	1	6
9	1	3	2	6	8	5	4	7
3	6	7	1	8	5	4	9	2
1	5	4	9	2	7	6	8	3
8	2	9	3	4	6	7	5	1
7	9	6	8	1	4	3	2	5
2	3	1	7	5	9	8	6	4
4	8	5	6	3	2	1	7	9

341

4	2	3	8	9	7	1	5	6
1	6	7	3	4	5	8	9	2
8	9	5	2	6	1	7	3	4
5	8	2	4	1	9	3	6	7
7	3	1	5	2	6	4	8	9
9	4	6	7	8	3	5	2	1
2	7	4	9	3	8	6	1	5
3	1	9	6	5	4	2	7	8
6	5	8	1	7	2	9	4	3

342

7	3	1	6	9	8	2	4	5
4	9	6	2	3	5	8	1	7
8	5	2	7	4	1	9	6	3
3	6	8	1	2	4	7	5	9
9	2	7	5	6	3	1	8	4
5	1	4	9	8	7	3	2	6
6	8	5	3	1	9	4	7	2
1	7	9	4	5	2	6	3	8
2	4	3	8	7	6	5	9	1

343

2	3	4	5	6	7	9	8	1
9	5	1	8	4	3	6	2	7
8	7	6	2	9	1	3	4	5
6	8	2	7	3	9	1	5	4
7	1	3	4	8	5	2	9	6
4	9	5	6	1	2	7	3	8
3	2	7	1	5	8	4	6	9
1	4	8	9	2	6	5	7	3
5	6	9	3	7	4	8	1	2

344

6	4	2	7	1	9	5	3	8
8	9	7	5	4	3	1	2	6
3	1	5	6	2	8	4	9	7
9	7	3	1	6	2	8	5	4
1	2	4	8	3	5	6	7	9
5	6	8	9	7	4	2	1	3
7	5	6	4	9	1	3	8	2
4	3	1	2	8	7	9	6	5
2	8	9	3	5	6	7	4	1

345

9	7	1	8	3	4	6	5	2
8	4	2	6	1	5	7	3	9
3	6	5	9	2	7	8	1	4
2	8	6	5	7	3	4	9	1
4	9	3	1	6	2	5	7	8
1	5	7	4	8	9	2	6	3
5	3	8	2	9	6	1	4	7
7	1	4	3	5	8	9	2	6
6	2	9	7	4	1	3	8	5

346

1	3	2	7	6	5	4	8	9
7	4	8	9	1	2	5	6	3
6	5	9	8	4	3	2	1	7
4	8	5	2	7	9	6	3	1
3	7	6	1	5	4	8	9	2
9	2	1	3	8	6	7	5	4
8	6	7	4	9	1	3	2	5
5	9	3	6	2	7	1	4	8
2	1	4	5	3	8	9	7	6

347

9	4	5	3	6	8	7	2	1
3	6	7	2	1	5	9	8	4
1	8	2	7	9	4	5	3	6
6	7	1	8	4	9	2	5	3
8	9	3	6	5	2	4	1	7
5	2	4	1	7	3	6	9	8
7	1	8	9	2	6	3	4	5
2	5	6	4	3	1	8	7	9
4	3	9	5	8	7	1	6	2

348

2	6	9	4	7	8	1	3	5
7	4	3	1	5	6	8	9	2
1	8	5	2	9	3	4	7	6
8	1	2	6	3	5	7	4	9
4	5	6	7	1	9	3	2	8
3	9	7	8	2	4	5	6	1
5	3	1	9	6	7	2	8	4
9	2	4	3	8	1	6	5	7
6	7	8	5	4	2	9	1	3

349

5	1	3	8	9	7	6	4	2
8	2	4	6	1	5	3	9	7
7	9	6	2	4	3	8	1	5
3	6	8	5	2	4	1	7	9
1	4	9	3	7	8	2	5	6
2	7	5	9	6	1	4	3	8
4	5	1	7	8	2	9	6	3
6	3	2	1	5	9	7	8	4
9	8	7	4	3	6	5	2	1

350

1	5	6	9	4	3	8	2	7
8	9	7	5	2	1	4	3	6
2	4	3	8	7	6	1	5	9
6	3	8	7	1	5	2	9	4
5	7	2	3	9	4	6	8	1
4	1	9	6	8	2	5	7	3
9	6	5	1	3	8	7	4	2
3	8	4	2	6	7	9	1	5
7	2	1	4	5	9	3	6	8

351

9	5	1	8	6	4	7	3	2
7	2	8	5	1	3	9	4	6
4	3	6	9	2	7	1	8	5
6	7	9	1	4	8	5	2	3
2	4	3	7	5	9	8	6	1
8	1	5	2	3	6	4	9	7
3	8	4	6	7	5	2	1	9
5	9	2	3	8	1	6	7	4
1	6	7	4	9	2	3	5	8

352

7	8	3	2	1	6	5	4	9
9	5	1	8	7	4	2	3	6
2	4	6	9	5	3	1	8	7
8	6	5	3	4	1	7	9	2
1	7	4	6	9	2	3	5	8
3	9	2	7	8	5	6	1	4
5	3	7	4	6	8	9	2	1
6	1	8	5	2	9	4	7	3
4	2	9	1	3	7	8	6	5

353

8	3	4	5	7	9	2	6	1
7	6	2	8	1	3	5	9	4
9	1	5	2	6	4	8	3	7
4	5	6	1	8	2	3	7	9
1	8	9	7	3	5	4	2	6
2	7	3	4	9	6	1	5	8
5	4	1	9	2	7	6	8	3
6	2	7	3	4	8	9	1	5
3	9	8	6	5	1	7	4	2

354

8	7	6	4	5	3	1	2	9
2	3	4	1	8	9	7	6	5
1	9	5	7	2	6	8	3	4
6	1	2	5	3	8	4	9	7
7	4	9	6	1	2	3	5	8
3	5	8	9	7	4	6	1	2
9	6	7	2	4	1	5	8	3
5	8	1	3	9	7	2	4	6
4	2	3	8	6	5	9	7	1

355

4	6	1	2	3	8	9	5	7
2	9	7	6	5	1	3	4	8
5	8	3	9	7	4	2	1	6
6	4	5	1	2	9	8	7	3
8	7	9	3	4	6	5	2	1
3	1	2	5	8	7	4	6	9
1	5	6	8	9	2	7	3	4
9	3	4	7	6	5	1	8	2
7	2	8	4	1	3	6	9	5

356

6	1	7	3	9	8	2	4	5
2	3	8	4	1	5	6	9	7
4	5	9	7	2	6	3	8	1
1	4	5	8	6	2	7	3	9
3	8	6	9	7	1	5	2	4
7	9	2	5	3	4	1	6	8
8	2	3	1	5	9	4	7	6
9	7	1	6	4	3	8	5	2
5	6	4	2	8	7	9	1	3

357

6	3	7	4	5	9	8	1	2
5	9	8	6	2	1	4	3	7
2	4	1	7	3	8	9	5	6
1	8	5	2	7	4	3	6	9
4	6	9	3	1	5	7	2	8
3	7	2	9	8	6	5	4	1
9	2	6	8	4	3	1	7	5
8	1	4	5	6	7	2	9	3
7	5	3	1	9	2	6	8	4

358

6	3	8	7	9	5	2	4	1
4	9	5	3	2	1	8	6	7
1	2	7	8	4	6	5	3	9
8	7	6	4	1	3	9	5	2
9	1	3	5	8	2	6	7	4
5	4	2	6	7	9	3	1	8
7	6	1	9	3	8	4	2	5
2	5	9	1	6	4	7	8	3
3	8	4	2	5	7	1	9	6

359

5	2	3	8	9	6	4	7	1
1	6	8	5	4	7	9	2	3
4	9	7	2	1	3	8	5	6
9	8	5	3	6	4	7	1	2
7	1	2	9	8	5	6	3	4
6	3	4	1	7	2	5	9	8
8	5	6	7	3	1	2	4	9
3	7	9	4	2	8	1	6	5
2	4	1	6	5	9	3	8	7

360

9	3	2	8	7	6	5	1	4
4	8	6	5	2	1	3	7	9
7	1	5	3	4	9	8	2	6
3	4	1	2	6	8	9	5	7
6	5	7	1	9	4	2	8	3
8	2	9	7	3	5	4	6	1
2	9	8	6	1	3	7	4	5
1	7	3	4	5	2	6	9	8
5	6	4	9	8	7	1	3	2

361

7	5	9	8	3	1	4	6	2
3	2	4	9	6	5	7	1	8
1	6	8	4	7	2	9	3	5
8	9	1	3	4	7	2	5	6
4	3	2	5	9	6	1	8	7
6	7	5	1	2	8	3	4	9
2	8	6	7	1	4	5	9	3
9	1	7	6	5	3	8	2	4
5	4	3	2	8	9	6	7	1

362

3	7	9	2	5	4	8	6	1
8	5	4	6	1	9	2	7	3
2	6	1	7	8	3	4	5	9
5	9	2	1	6	8	3	4	7
1	4	3	5	9	7	6	8	2
7	8	6	4	3	2	1	9	5
6	1	7	3	4	5	9	2	8
9	3	5	8	2	6	7	1	4
4	2	8	9	7	1	5	3	6

363

8	9	1	7	4	2	3	5	6
4	5	6	8	3	1	2	7	9
7	3	2	5	9	6	1	8	4
5	8	7	6	2	4	9	3	1
1	4	3	9	8	7	6	2	5
2	6	9	1	5	3	7	4	8
9	2	4	3	6	8	5	1	7
6	1	8	2	7	5	4	9	3
3	7	5	4	1	9	8	6	2

364

9	8	4	1	2	7	3	6	5
7	6	1	9	3	5	4	2	8
3	5	2	8	6	4	9	7	1
2	3	8	7	5	9	6	1	4
5	4	7	6	1	8	2	9	3
1	9	6	3	4	2	8	5	7
6	2	5	4	7	3	1	8	9
8	1	3	5	9	6	7	4	2
4	7	9	2	8	1	5	3	6

365

2	8	6	9	7	1	3	5	4
3	7	9	4	5	2	6	1	8
1	5	4	6	3	8	7	2	9
8	6	1	3	9	5	2	4	7
9	4	3	7	2	6	1	8	5
7	2	5	1	8	4	9	6	3
6	1	7	5	4	3	8	9	2
4	3	2	8	1	9	5	7	6
5	9	8	2	6	7	4	3	1

366

5	6	4	7	9	1	8	3	2
3	1	9	2	4	8	7	5	6
2	8	7	3	5	6	4	9	1
1	3	8	9	6	2	5	4	7
6	9	5	4	3	7	1	2	8
7	4	2	1	8	5	3	6	9
8	5	3	6	1	9	2	7	4
9	2	1	5	7	4	6	8	3
4	7	6	8	2	3	9	1	5

367

5	9	6	7	2	1	3	4	8
2	1	4	8	3	6	9	5	7
8	3	7	4	5	9	6	2	1
1	7	5	3	9	4	8	6	2
6	4	3	5	8	2	1	7	9
9	8	2	1	6	7	5	3	4
7	6	9	2	1	5	4	8	3
4	5	8	9	7	3	2	1	6
3	2	1	6	4	8	7	9	5

368

8	3	6	2	9	1	7	4	5
7	1	5	6	3	4	2	9	8
9	4	2	5	8	7	6	3	1
2	9	1	7	5	3	8	6	4
4	5	3	8	2	6	9	1	7
6	8	7	1	4	9	3	5	2
3	7	4	9	1	2	5	8	6
5	2	9	4	6	8	1	7	3
1	6	8	3	7	5	4	2	9

369

5	3	1	7	8	4	2	6	9
6	2	7	3	5	9	4	8	1
9	4	8	2	1	6	3	5	7
8	6	2	4	9	5	1	7	3
7	5	3	8	2	1	6	9	4
4	1	9	6	3	7	8	2	5
3	7	4	5	6	2	9	1	8
2	9	5	1	4	8	7	3	6
1	8	6	9	7	3	5	4	2

370

8	4	5	7	6	1	3	9	2
9	2	6	5	3	8	7	1	4
7	1	3	4	2	9	5	6	8
4	9	1	3	7	2	6	8	5
5	8	7	1	4	6	9	2	3
3	6	2	9	8	5	1	4	7
6	5	4	8	1	3	2	7	9
1	7	9	2	5	4	8	3	6
2	3	8	6	9	7	4	5	1

371

6	1	2	4	5	9	8	7	3
8	7	3	6	1	2	5	4	9
9	4	5	7	8	3	6	2	1
5	2	8	3	7	6	9	1	4
4	9	6	8	2	1	7	3	5
1	3	7	9	4	5	2	6	8
7	6	9	5	3	4	1	8	2
3	5	1	2	6	8	4	9	7
2	8	4	1	9	7	3	5	6

372

8	9	5	3	7	1	4	2	6
1	3	4	6	8	2	7	5	9
6	7	2	9	5	4	8	3	1
5	6	9	7	4	8	2	1	3
3	2	8	1	6	9	5	7	4
4	1	7	2	3	5	6	9	8
9	4	1	8	2	7	3	6	5
2	8	3	5	1	6	9	4	7
7	5	6	4	9	3	1	8	2

373

9	1	4	5	7	2	3	8	6
8	3	5	6	9	1	2	7	4
6	2	7	4	3	8	9	1	5
4	8	9	1	5	6	7	3	2
1	5	3	7	2	4	8	6	9
2	7	6	9	8	3	4	5	1
7	4	8	2	6	5	1	9	3
5	9	2	3	1	7	6	4	8
3	6	1	8	4	9	5	2	7

374

5	8	2	9	3	4	1	7	6
3	9	1	5	7	6	4	8	2
7	6	4	1	8	2	9	5	3
4	5	9	8	2	3	6	1	7
6	2	3	7	5	1	8	4	9
8	1	7	4	6	9	2	3	5
1	7	5	2	9	8	3	6	4
2	4	6	3	1	7	5	9	8
9	3	8	6	4	5	7	2	1

375

4	5	8	7	6	1	3	9	2
3	1	9	2	4	5	6	7	8
7	6	2	8	3	9	1	5	4
8	3	7	6	5	4	2	1	9
1	9	6	3	7	2	8	4	5
5	2	4	9	1	8	7	3	6
6	4	3	5	2	7	9	8	1
9	7	5	1	8	6	4	2	3
2	8	1	4	9	3	5	6	7

376

8	6	9	4	1	2	5	3	7
7	3	4	9	5	8	6	1	2
1	2	5	3	7	6	9	8	4
4	5	8	2	6	9	1	7	3
6	9	7	1	8	3	2	4	5
3	1	2	7	4	5	8	6	9
2	8	1	5	3	4	7	9	6
5	7	3	6	9	1	4	2	8
9	4	6	8	2	7	3	5	1

377

8	9	4	6	1	2	7	5	3
3	5	2	9	4	7	6	8	1
7	1	6	8	3	5	9	2	4
4	8	3	1	7	6	2	9	5
6	2	9	3	5	4	1	7	8
1	7	5	2	8	9	4	3	6
2	3	8	4	9	1	5	6	7
5	6	1	7	2	3	8	4	9
9	4	7	5	6	8	3	1	2

378

9	5	4	6	3	8	7	1	2
3	8	7	1	5	2	6	4	9
6	2	1	9	4	7	5	3	8
7	9	6	2	1	4	3	8	5
1	4	8	5	6	3	2	9	7
2	3	5	8	7	9	4	6	1
5	6	2	4	8	1	9	7	3
8	7	9	3	2	6	1	5	4
4	1	3	7	9	5	8	2	6

379

4	8	1	9	3	6	5	2	7
5	7	3	1	2	4	8	6	9
2	6	9	7	8	5	1	4	3
8	9	2	5	1	3	6	7	4
6	5	4	2	7	8	9	3	1
3	1	7	4	6	9	2	8	5
7	2	6	3	9	1	4	5	8
9	4	8	6	5	7	3	1	2
1	3	5	8	4	2	7	9	6

380

7	4	9	2	1	8	6	5	3
1	3	2	6	5	4	8	7	9
6	8	5	7	3	9	4	1	2
4	1	8	3	9	6	5	2	7
3	5	7	4	2	1	9	6	8
9	2	6	5	8	7	3	4	1
5	6	1	8	7	3	2	9	4
8	7	4	9	6	2	1	3	5
2	9	3	1	4	5	7	8	6

381

6	8	7	1	9	3	5	4	2
3	5	4	8	7	2	6	9	1
1	2	9	5	6	4	8	7	3
7	3	5	6	1	9	4	2	8
4	9	1	2	3	8	7	5	6
2	6	8	7	4	5	1	3	9
8	4	2	3	5	6	9	1	7
5	1	3	9	8	7	2	6	4
9	7	6	4	2	1	3	8	5

382

2	7	8	1	5	6	3	4	9
3	4	6	2	9	7	5	1	8
5	1	9	4	3	8	6	7	2
9	2	7	3	8	4	1	6	5
1	6	3	9	2	5	4	8	7
8	5	4	6	7	1	9	2	3
4	3	5	7	1	2	8	9	6
6	8	2	5	4	9	7	3	1
7	9	1	8	6	3	2	5	4

383

8	3	6	5	2	1	9	7	4
9	5	1	7	3	4	6	2	8
4	2	7	6	9	8	5	3	1
7	1	4	8	5	6	3	9	2
5	9	2	1	7	3	4	8	6
6	8	3	2	4	9	7	1	5
2	6	9	3	1	5	8	4	7
1	4	8	9	6	7	2	5	3
3	7	5	4	8	2	1	6	9

384

5	2	8	6	3	4	7	9	1
3	9	6	7	1	8	5	4	2
1	4	7	2	9	5	3	8	6
8	5	4	3	2	6	1	7	9
9	7	3	5	8	1	2	6	4
2	6	1	9	4	7	8	3	5
4	1	5	8	6	3	9	2	7
6	3	9	1	7	2	4	5	8
7	8	2	4	5	9	6	1	3

385

1	2	8	7	5	4	9	6	3
7	6	3	8	1	9	5	2	4
9	5	4	6	3	2	8	1	7
5	9	6	1	4	7	3	8	2
4	8	2	5	6	3	7	9	1
3	7	1	9	2	8	4	5	6
6	4	7	2	9	5	1	3	8
8	1	9	3	7	6	2	4	5
2	3	5	4	8	1	6	7	9

386

9	3	6	4	7	2	8	1	5
2	5	7	1	8	3	4	9	6
1	8	4	6	9	5	3	2	7
4	9	2	5	1	8	6	7	3
6	1	8	2	3	7	5	4	9
3	7	5	9	6	4	1	8	2
7	4	3	8	2	6	9	5	1
5	6	9	7	4	1	2	3	8
8	2	1	3	5	9	7	6	4

387

1	8	3	2	9	5	6	7	4
4	7	6	8	3	1	5	2	9
9	5	2	6	7	4	1	8	3
6	3	5	9	1	2	7	4	8
7	9	4	5	8	6	3	1	2
2	1	8	7	4	3	9	6	5
3	2	7	1	5	8	4	9	6
8	4	1	3	6	9	2	5	7
5	6	9	4	2	7	8	3	1

388

5	1	4	9	7	6	2	3	8
3	6	9	1	2	8	5	4	7
7	8	2	5	4	3	1	6	9
2	5	6	4	1	7	9	8	3
9	3	1	8	6	5	4	7	2
4	7	8	3	9	2	6	5	1
1	9	3	6	8	4	7	2	5
8	4	7	2	5	9	3	1	6
6	2	5	7	3	1	8	9	4

389

6	9	2	1	5	4	3	7	8
8	4	1	3	6	7	5	9	2
3	5	7	2	9	8	4	1	6
5	8	9	7	1	6	2	4	3
7	3	4	9	2	5	6	8	1
1	2	6	8	4	3	9	5	7
9	6	3	4	7	1	8	2	5
4	1	5	6	8	2	7	3	9
2	7	8	5	3	9	1	6	4

390

6	9	1	8	3	4	2	5	7
3	2	5	1	7	6	8	4	9
4	7	8	2	9	5	3	1	6
5	6	4	7	2	1	9	3	8
7	1	3	9	4	8	5	6	2
2	8	9	6	5	3	4	7	1
9	3	7	4	6	2	1	8	5
1	5	2	3	8	7	6	9	4
8	4	6	5	1	9	7	2	3

391

3	2	4	8	9	6	7	5	1
6	7	1	3	5	2	8	9	4
9	8	5	4	7	1	3	2	6
1	4	8	9	3	5	6	7	2
5	6	3	2	1	7	4	8	9
2	9	7	6	8	4	5	1	3
8	3	2	5	6	9	1	4	7
4	1	6	7	2	8	9	3	5
7	5	9	1	4	3	2	6	8

392

3	5	8	1	2	4	7	6	9
6	7	4	5	8	9	2	1	3
9	2	1	6	7	3	8	4	5
5	9	3	7	1	6	4	2	8
7	8	6	4	3	2	5	9	1
1	4	2	9	5	8	3	7	6
4	3	5	2	6	1	9	8	7
8	6	9	3	4	7	1	5	2
2	1	7	8	9	5	6	3	4

393

9	6	3	7	1	4	5	2	8
7	2	8	3	5	6	1	4	9
1	5	4	9	2	8	3	6	7
5	3	7	1	4	9	2	8	6
4	1	2	8	6	3	9	7	5
8	9	6	5	7	2	4	3	1
3	4	5	6	9	7	8	1	2
6	8	9	2	3	1	7	5	4
2	7	1	4	8	5	6	9	3

394

1	2	7	6	9	4	8	5	3
9	3	5	8	1	7	6	2	4
6	8	4	5	3	2	1	9	7
2	9	6	4	7	5	3	8	1
8	4	1	3	6	9	5	7	2
7	5	3	2	8	1	9	4	6
3	6	2	7	5	8	4	1	9
4	1	8	9	2	3	7	6	5
5	7	9	1	4	6	2	3	8

395

5	7	9	4	6	1	2	8	3
6	2	4	8	5	3	9	7	1
1	8	3	9	2	7	6	5	4
3	4	8	2	7	6	1	9	5
7	5	6	1	8	9	4	3	2
9	1	2	5	3	4	7	6	8
4	6	1	3	9	8	5	2	7
8	9	5	7	1	2	3	4	6
2	3	7	6	4	5	8	1	9

396

1	9	5	6	8	3	7	4	2
2	8	7	1	4	9	6	5	3
6	3	4	2	5	7	9	1	8
7	5	3	4	2	8	1	6	9
8	6	1	9	7	5	3	2	4
9	4	2	3	1	6	5	8	7
4	7	9	8	6	1	2	3	5
3	2	6	5	9	4	8	7	1
5	1	8	7	3	2	4	9	6

397

6	5	1	3	8	7	2	4	9
3	9	4	5	2	1	7	6	8
8	7	2	9	6	4	5	1	3
1	2	6	4	9	8	3	7	5
9	3	8	7	5	6	4	2	1
5	4	7	2	1	3	9	8	6
4	6	5	1	3	2	8	9	7
2	8	9	6	7	5	1	3	4
7	1	3	8	4	9	6	5	2

398

1	8	9	2	6	7	4	5	3
6	2	5	3	8	4	7	9	1
3	4	7	9	5	1	6	8	2
9	3	6	5	7	2	1	4	8
2	5	4	6	1	8	3	7	9
7	1	8	4	3	9	5	2	6
5	9	1	8	4	3	2	6	7
4	7	2	1	9	6	8	3	5
8	6	3	7	2	5	9	1	4

399

7	2	4	6	5	8	1	9	3
6	5	3	9	1	4	2	7	8
1	8	9	3	7	2	5	6	4
8	4	7	1	2	9	3	5	6
2	9	5	4	6	3	8	1	7
3	6	1	7	8	5	9	4	2
4	3	8	5	9	6	7	2	1
5	1	6	2	3	7	4	8	9
9	7	2	8	4	1	6	3	5

400

3	4	9	6	7	8	2	1	5
6	5	1	4	9	2	8	7	3
7	2	8	5	1	3	6	4	9
2	7	5	8	6	4	3	9	1
8	1	6	9	3	7	5	2	4
9	3	4	2	5	1	7	6	8
4	9	7	3	2	5	1	8	6
1	6	3	7	8	9	4	5	2
5	8	2	1	4	6	9	3	7

401

3	1	4	8	6	5	2	9	7
5	9	6	3	7	2	1	8	4
2	8	7	4	9	1	5	3	6
8	4	5	9	3	6	7	1	2
6	3	9	2	1	7	4	5	8
7	2	1	5	4	8	9	6	3
1	5	2	7	8	3	6	4	9
4	6	3	1	2	9	8	7	5
9	7	8	6	5	4	3	2	1

402

6	7	5	3	8	4	9	2	1
2	3	8	1	9	5	6	7	4
9	1	4	2	7	6	3	5	8
1	2	3	8	6	7	4	9	5
8	9	7	4	5	1	2	3	6
5	4	6	9	2	3	1	8	7
4	8	1	7	3	9	5	6	2
3	6	2	5	4	8	7	1	9
7	5	9	6	1	2	8	4	3

403

6	8	5	4	9	3	1	7	2
4	3	7	1	2	5	9	8	6
9	2	1	8	7	6	4	5	3
2	6	3	9	5	1	7	4	8
7	4	9	2	3	8	6	1	5
5	1	8	7	6	4	2	3	9
3	5	2	6	4	7	8	9	1
8	9	4	5	1	2	3	6	7
1	7	6	3	8	9	5	2	4

404

4	2	9	6	5	3	8	1	7
8	3	7	4	1	9	6	5	2
6	1	5	2	7	8	3	4	9
5	8	2	3	9	4	1	7	6
7	4	3	1	6	2	9	8	5
9	6	1	7	8	5	2	3	4
3	7	4	9	2	1	5	6	8
1	9	8	5	4	6	7	2	3
2	5	6	8	3	7	4	9	1

405

8	7	3	6	1	9	5	2	4
6	2	4	5	8	7	9	3	1
9	5	1	3	4	2	6	7	8
1	3	9	8	7	5	2	4	6
7	4	2	9	3	6	8	1	5
5	6	8	1	2	4	3	9	7
2	1	5	7	9	8	4	6	3
4	8	7	2	6	3	1	5	9
3	9	6	4	5	1	7	8	2

406

1	8	7	4	2	5	9	6	3
6	2	4	3	9	7	8	1	5
5	3	9	6	8	1	4	7	2
7	9	6	2	4	3	1	5	8
8	1	3	5	7	6	2	9	4
2	4	5	9	1	8	7	3	6
9	6	1	8	5	2	3	4	7
3	7	8	1	6	4	5	2	9
4	5	2	7	3	9	6	8	1

407

2	1	9	4	8	3	7	6	5
5	3	4	9	7	6	2	8	1
7	8	6	1	5	2	4	9	3
6	5	3	8	4	1	9	2	7
9	4	1	2	6	7	5	3	8
8	7	2	5	3	9	6	1	4
3	6	5	7	9	8	1	4	2
1	9	7	3	2	4	8	5	6
4	2	8	6	1	5	3	7	9

408

4	5	3	9	1	2	8	7	6
7	6	9	5	3	8	1	4	2
2	1	8	6	4	7	9	5	3
5	3	6	4	9	1	2	8	7
1	4	2	7	8	5	6	3	9
9	8	7	3	2	6	5	1	4
8	2	4	1	7	9	3	6	5
6	7	1	2	5	3	4	9	8
3	9	5	8	6	4	7	2	1

409

9	8	3	1	6	4	2	7	5
1	6	2	5	7	3	4	9	8
4	5	7	9	8	2	1	3	6
5	2	1	8	3	9	6	4	7
8	4	6	7	2	1	9	5	3
7	3	9	6	4	5	8	2	1
2	7	5	4	1	8	3	6	9
6	1	4	3	9	7	5	8	2
3	9	8	2	5	6	7	1	4

410

9	6	2	7	1	5	4	8	3
5	8	7	3	4	9	6	2	1
4	1	3	2	8	6	5	9	7
1	5	6	4	7	2	9	3	8
3	2	8	5	9	1	7	4	6
7	4	9	6	3	8	2	1	5
8	3	4	9	6	7	1	5	2
6	9	5	1	2	3	8	7	4
2	7	1	8	5	4	3	6	9

411

6	9	3	7	1	2	4	8	5
2	4	5	6	3	8	1	7	9
1	8	7	4	9	5	2	3	6
9	3	8	5	7	1	6	4	2
7	5	2	9	4	6	8	1	3
4	6	1	2	8	3	9	5	7
5	1	9	8	2	7	3	6	4
8	2	6	3	5	4	7	9	1
3	7	4	1	6	9	5	2	8

412

6	3	4	9	5	8	7	2	1
7	2	5	1	3	4	8	6	9
1	8	9	7	6	2	3	5	4
9	6	8	2	1	3	4	7	5
4	1	2	6	7	5	9	3	8
3	5	7	4	8	9	2	1	6
8	7	6	3	9	1	5	4	2
2	9	3	5	4	6	1	8	7
5	4	1	8	2	7	6	9	3

413

2	9	5	8	6	3	4	1	7
6	1	3	4	2	7	8	5	9
4	8	7	9	1	5	6	2	3
1	4	6	7	3	9	2	8	5
8	3	9	2	5	4	1	7	6
5	7	2	6	8	1	9	3	4
9	2	1	3	7	6	5	4	8
3	6	8	5	4	2	7	9	1
7	5	4	1	9	8	3	6	2

414

2	1	4	3	7	5	8	6	9
8	3	5	9	6	4	7	2	1
7	6	9	1	8	2	4	5	3
1	5	2	4	9	7	3	8	6
6	7	8	5	1	3	2	9	4
9	4	3	6	2	8	5	1	7
3	8	1	7	5	6	9	4	2
4	2	6	8	3	9	1	7	5
5	9	7	2	4	1	6	3	8

415

2	5	9	8	1	7	4	6	3
7	4	3	6	2	5	8	9	1
6	1	8	3	9	4	2	7	5
4	9	5	7	8	1	3	2	6
8	7	2	5	3	6	1	4	9
1	3	6	2	4	9	5	8	7
3	2	1	9	6	8	7	5	4
5	6	4	1	7	2	9	3	8
9	8	7	4	5	3	6	1	2

416

7	4	3	9	8	1	6	2	5
1	8	2	6	5	4	7	3	9
9	6	5	3	2	7	8	4	1
4	1	6	8	9	5	2	7	3
5	9	8	2	7	3	4	1	6
3	2	7	1	4	6	9	5	8
8	7	9	5	3	2	1	6	4
2	3	1	4	6	9	5	8	7
6	5	4	7	1	8	3	9	2

417

3	4	8	2	7	6	5	1	9
6	2	9	5	3	1	7	4	8
7	1	5	8	4	9	2	6	3
9	5	2	1	8	4	6	3	7
1	7	4	6	5	3	9	8	2
8	6	3	9	2	7	4	5	1
2	9	6	3	1	5	8	7	4
4	8	1	7	6	2	3	9	5
5	3	7	4	9	8	1	2	6

418

2	4	7	3	5	6	9	8	1
5	3	1	9	2	8	6	7	4
6	8	9	4	1	7	2	3	5
1	2	3	8	4	5	7	9	6
8	5	6	7	9	2	4	1	3
9	7	4	6	3	1	8	5	2
7	1	8	5	6	4	3	2	9
3	6	5	2	8	9	1	4	7
4	9	2	1	7	3	5	6	8

419

7	8	9	1	6	5	3	2	4
6	2	4	3	9	8	5	1	7
3	1	5	4	7	2	9	6	8
8	6	7	9	5	3	2	4	1
9	4	1	8	2	6	7	5	3
5	3	2	7	4	1	6	8	9
2	9	3	6	1	4	8	7	5
1	5	8	2	3	7	4	9	6
4	7	6	5	8	9	1	3	2

420

6	3	7	1	9	8	4	5	2
5	1	9	4	3	2	7	6	8
4	2	8	6	5	7	1	3	9
2	9	4	7	8	6	5	1	3
3	8	1	5	2	4	6	9	7
7	5	6	9	1	3	8	2	4
8	6	5	2	7	9	3	4	1
1	7	2	3	4	5	9	8	6
9	4	3	8	6	1	2	7	5

421

8	4	1	3	5	2	6	7	9
6	7	5	1	4	9	2	8	3
3	2	9	7	6	8	4	5	1
4	3	7	9	2	6	5	1	8
1	9	6	8	3	5	7	2	4
5	8	2	4	1	7	9	3	6
2	6	8	5	9	1	3	4	7
7	5	3	6	8	4	1	9	2
9	1	4	2	7	3	8	6	5

422

3	1	2	5	4	7	6	9	8
6	9	5	1	3	8	4	7	2
4	7	8	2	6	9	1	3	5
1	5	7	8	9	4	2	6	3
8	3	9	6	2	5	7	1	4
2	4	6	3	7	1	5	8	9
9	6	1	4	5	3	8	2	7
7	2	4	9	8	6	3	5	1
5	8	3	7	1	2	9	4	6

423

2	6	3	1	8	9	4	5	7
5	9	8	4	7	6	2	3	1
4	7	1	5	2	3	8	6	9
8	5	4	9	1	7	3	2	6
6	1	9	2	3	8	7	4	5
7	3	2	6	4	5	1	9	8
1	8	5	3	6	4	9	7	2
9	4	7	8	5	2	6	1	3
3	2	6	7	9	1	5	8	4

424

3	6	2	4	7	8	1	9	5
1	7	9	2	3	5	8	4	6
5	4	8	1	6	9	3	7	2
7	8	5	3	9	2	6	1	4
4	2	1	5	8	6	9	3	7
9	3	6	7	4	1	2	5	8
6	5	4	9	2	3	7	8	1
2	9	7	8	1	4	5	6	3
8	1	3	6	5	7	4	2	9

425

9	1	5	7	6	8	2	4	3
8	7	2	4	3	5	6	9	1
3	6	4	1	9	2	8	7	5
5	8	1	6	4	3	9	2	7
2	9	3	8	1	7	4	5	6
7	4	6	5	2	9	3	1	8
4	3	7	2	8	1	5	6	9
6	5	8	9	7	4	1	3	2
1	2	9	3	5	6	7	8	4

426

5	1	7	4	2	6	9	8	3
8	2	9	5	3	7	4	6	1
6	4	3	1	9	8	5	7	2
4	8	6	7	1	3	2	9	5
7	9	5	6	4	2	3	1	8
2	3	1	8	5	9	7	4	6
3	7	4	2	6	1	8	5	9
1	5	2	9	8	4	6	3	7
9	6	8	3	7	5	1	2	4

427

6	2	1	9	7	8	4	5	3
5	7	3	4	1	6	8	9	2
4	8	9	3	2	5	7	1	6
9	3	4	2	6	7	5	8	1
8	1	6	5	9	4	3	2	7
2	5	7	1	8	3	9	6	4
7	6	5	8	4	2	1	3	9
3	9	2	7	5	1	6	4	8
1	4	8	6	3	9	2	7	5

428

9	6	1	4	2	3	7	8	5
5	3	2	8	9	7	4	1	6
7	8	4	6	5	1	9	3	2
1	2	7	3	6	5	8	4	9
8	4	5	9	1	2	6	7	3
3	9	6	7	4	8	5	2	1
2	7	9	1	8	6	3	5	4
6	5	3	2	7	4	1	9	8
4	1	8	5	3	9	2	6	7

429

9	3	4	8	2	5	6	1	7
2	8	1	6	3	7	5	9	4
7	5	6	1	9	4	2	8	3
8	9	2	3	7	6	1	4	5
3	6	5	9	4	1	7	2	8
4	1	7	2	5	8	9	3	6
6	2	8	5	1	3	4	7	9
5	7	9	4	8	2	3	6	1
1	4	3	7	6	9	8	5	2

430

5	9	4	6	1	3	2	7	8
8	7	1	9	4	2	6	5	3
3	6	2	8	5	7	1	9	4
6	4	8	2	7	5	9	3	1
1	5	3	4	6	9	8	2	7
9	2	7	1	3	8	4	6	5
7	8	6	3	9	4	5	1	2
4	3	9	5	2	1	7	8	6
2	1	5	7	8	6	3	4	9

431

8	5	4	2	7	3	1	9	6
6	2	3	1	5	9	4	8	7
7	9	1	6	8	4	5	3	2
3	8	9	7	4	1	6	2	5
4	6	7	5	3	2	9	1	8
2	1	5	8	9	6	7	4	3
1	7	8	4	2	5	3	6	9
5	3	6	9	1	8	2	7	4
9	4	2	3	6	7	8	5	1

432

9	2	6	5	4	8	3	7	1
7	1	5	9	3	6	8	4	2
4	3	8	1	7	2	5	9	6
5	8	7	6	2	4	9	1	3
6	4	1	8	9	3	7	2	5
3	9	2	7	1	5	4	6	8
1	5	9	2	8	7	6	3	4
8	7	4	3	6	1	2	5	9
2	6	3	4	5	9	1	8	7

433

4	7	2	1	8	9	5	3	6
6	1	3	4	5	7	9	8	2
9	8	5	6	2	3	1	7	4
5	6	1	9	4	8	3	2	7
3	2	4	7	1	6	8	5	9
7	9	8	2	3	5	4	6	1
8	4	9	3	6	2	7	1	5
2	3	7	5	9	1	6	4	8
1	5	6	8	7	4	2	9	3

434

9	7	3	1	6	8	5	4	2
8	2	5	4	9	7	6	1	3
4	1	6	3	5	2	9	8	7
5	6	2	8	4	1	3	7	9
7	8	4	9	2	3	1	6	5
1	3	9	6	7	5	4	2	8
6	4	8	7	3	9	2	5	1
3	5	1	2	8	4	7	9	6
2	9	7	5	1	6	8	3	4

435

9	5	3	1	8	2	4	7	6
6	4	8	7	3	5	2	1	9
1	7	2	6	9	4	8	3	5
2	8	9	5	1	3	7	6	4
7	6	4	8	2	9	1	5	3
5	3	1	4	7	6	9	2	8
8	2	6	9	5	7	3	4	1
3	9	5	2	4	1	6	8	7
4	1	7	3	6	8	5	9	2

436

1	8	3	6	2	9	5	7	4
9	7	5	3	4	1	8	2	6
6	4	2	5	7	8	1	9	3
3	5	1	4	8	2	7	6	9
7	2	6	9	1	5	3	4	8
4	9	8	7	3	6	2	5	1
5	3	4	8	6	7	9	1	2
8	1	9	2	5	4	6	3	7
2	6	7	1	9	3	4	8	5

437

9	2	3	4	1	8	7	5	6
1	6	7	9	5	2	3	8	4
4	8	5	3	6	7	9	2	1
5	7	2	6	4	1	8	3	9
3	9	6	7	8	5	1	4	2
8	4	1	2	3	9	5	6	7
7	5	8	1	2	6	4	9	3
2	1	4	5	9	3	6	7	8
6	3	9	8	7	4	2	1	5

438

7	1	4	9	6	2	3	5	8
6	3	8	5	1	7	9	2	4
2	5	9	3	8	4	6	7	1
1	4	7	6	2	8	5	9	3
9	2	3	4	5	1	7	8	6
5	8	6	7	3	9	1	4	2
4	9	1	2	7	3	8	6	5
8	7	5	1	4	6	2	3	9
3	6	2	8	9	5	4	1	7

439

3	9	7	8	6	4	5	2	1
5	6	8	7	1	2	9	4	3
1	4	2	9	5	3	8	7	6
7	2	6	4	3	5	1	8	9
9	8	3	2	7	1	6	5	4
4	1	5	6	9	8	2	3	7
6	5	4	3	2	9	7	1	8
8	7	1	5	4	6	3	9	2
2	3	9	1	8	7	4	6	5

440

3	1	8	5	9	4	7	2	6
6	7	9	3	8	2	4	5	1
5	2	4	7	1	6	9	8	3
1	4	2	8	6	5	3	9	7
8	9	6	2	3	7	1	4	5
7	5	3	9	4	1	8	6	2
4	3	7	6	5	9	2	1	8
9	8	5	1	2	3	6	7	4
2	6	1	4	7	8	5	3	9

441

2	7	3	6	4	5	8	9	1
9	4	8	1	7	2	6	3	5
1	6	5	9	3	8	2	4	7
8	9	7	4	5	1	3	6	2
6	3	2	7	8	9	5	1	4
5	1	4	2	6	3	7	8	9
4	8	6	5	1	7	9	2	3
3	5	9	8	2	4	1	7	6
7	2	1	3	9	6	4	5	8

442

9	2	4	6	7	8	5	1	3
5	6	3	1	2	4	8	9	7
1	7	8	5	3	9	4	2	6
6	8	2	3	1	5	9	7	4
3	5	9	4	6	7	1	8	2
4	1	7	9	8	2	3	6	5
8	4	1	7	5	6	2	3	9
7	3	5	2	9	1	6	4	8
2	9	6	8	4	3	7	5	1

443

3	9	5	8	1	2	7	6	4
1	2	6	7	4	9	8	3	5
7	8	4	5	6	3	9	2	1
9	3	2	4	5	8	1	7	6
4	5	1	3	7	6	2	9	8
6	7	8	9	2	1	4	5	3
5	1	3	2	9	4	6	8	7
2	6	7	1	8	5	3	4	9
8	4	9	6	3	7	5	1	2

444

9	6	2	7	8	1	5	4	3
3	5	4	2	6	9	1	8	7
7	8	1	3	4	5	2	6	9
6	3	5	9	2	8	7	1	4
4	1	9	6	3	7	8	5	2
8	2	7	5	1	4	9	3	6
2	9	3	8	5	6	4	7	1
1	7	8	4	9	3	6	2	5
5	4	6	1	7	2	3	9	8

445

8	7	3	5	9	4	1	6	2
1	6	4	7	3	2	9	8	5
2	9	5	1	8	6	3	4	7
5	1	7	3	6	9	4	2	8
9	3	8	2	4	5	6	7	1
4	2	6	8	1	7	5	9	3
6	8	2	4	5	3	7	1	9
7	5	9	6	2	1	8	3	4
3	4	1	9	7	8	2	5	6

446

1	3	2	4	8	6	7	9	5
7	6	9	3	5	2	8	1	4
8	5	4	9	1	7	3	2	6
2	9	1	8	4	5	6	7	3
3	4	8	7	6	1	9	5	2
6	7	5	2	9	3	1	4	8
4	2	6	1	3	9	5	8	7
5	1	7	6	2	8	4	3	9
9	8	3	5	7	4	2	6	1

447

6	5	9	4	3	8	1	7	2
2	4	7	9	1	6	3	8	5
8	1	3	2	7	5	4	9	6
7	2	1	8	9	3	6	5	4
5	6	8	1	2	4	7	3	9
3	9	4	5	6	7	8	2	1
1	8	2	3	4	9	5	6	7
4	7	5	6	8	2	9	1	3
9	3	6	7	5	1	2	4	8

448

6	2	4	9	3	1	7	5	8
8	5	3	7	2	6	1	9	4
7	1	9	4	8	5	2	6	3
9	8	1	6	7	2	3	4	5
3	4	6	1	5	8	9	7	2
2	7	5	3	4	9	8	1	6
4	6	2	8	1	7	5	3	9
5	9	7	2	6	3	4	8	1
1	3	8	5	9	4	6	2	7

449

4	9	3	6	2	7	5	8	1
8	6	7	5	1	9	4	3	2
2	5	1	4	8	3	9	6	7
5	7	6	1	3	2	8	9	4
1	2	9	8	4	6	3	7	5
3	4	8	7	9	5	1	2	6
7	1	5	3	6	8	2	4	9
6	8	2	9	5	4	7	1	3
9	3	4	2	7	1	6	5	8

450

7	2	4	9	6	3	8	5	1
1	5	6	8	7	4	3	2	9
9	8	3	2	1	5	7	4	6
3	1	8	5	9	2	4	6	7
4	7	9	1	8	6	5	3	2
5	6	2	4	3	7	9	1	8
6	3	5	7	2	9	1	8	4
2	9	1	3	4	8	6	7	5
8	4	7	6	5	1	2	9	3

451

1	2	8	3	4	6	7	9	5
5	6	9	2	8	7	4	3	1
4	7	3	9	1	5	6	8	2
7	8	5	6	2	1	3	4	9
6	3	4	5	9	8	1	2	7
9	1	2	7	3	4	8	5	6
3	4	7	1	5	2	9	6	8
2	9	6	8	7	3	5	1	4
8	5	1	4	6	9	2	7	3

452

2	3	7	4	8	6	5	1	9
5	8	9	2	1	7	4	6	3
1	4	6	3	9	5	8	2	7
9	7	4	8	6	1	3	5	2
6	2	1	5	3	4	9	7	8
8	5	3	7	2	9	1	4	6
7	6	8	1	4	3	2	9	5
4	9	2	6	5	8	7	3	1
3	1	5	9	7	2	6	8	4

453

3	4	6	8	7	9	5	2	1
9	8	2	5	3	1	7	4	6
7	5	1	4	6	2	3	8	9
5	1	3	7	8	6	2	9	4
4	6	7	2	9	3	1	5	8
8	2	9	1	5	4	6	7	3
6	7	8	3	4	5	9	1	2
2	9	4	6	1	7	8	3	5
1	3	5	9	2	8	4	6	7

454

3	8	2	7	1	6	5	9	4
1	6	5	8	9	4	7	2	3
4	9	7	2	5	3	6	8	1
9	5	4	3	2	1	8	6	7
8	2	1	4	6	7	3	5	9
7	3	6	5	8	9	4	1	2
6	4	9	1	3	5	2	7	8
5	7	8	9	4	2	1	3	6
2	1	3	6	7	8	9	4	5

455

3	4	1	6	9	2	8	7	5
5	6	2	8	4	7	1	3	9
7	8	9	3	5	1	4	6	2
4	3	7	5	1	9	2	8	6
6	1	8	7	2	3	9	5	4
9	2	5	4	8	6	7	1	3
8	7	6	9	3	4	5	2	1
1	9	3	2	7	5	6	4	8
2	5	4	1	6	8	3	9	7

456

5	1	7	4	8	2	6	9	3
4	2	3	9	1	6	8	7	5
9	8	6	7	3	5	2	4	1
8	6	9	2	7	1	3	5	4
1	4	5	3	6	8	9	2	7
3	7	2	5	9	4	1	8	6
6	5	1	8	4	9	7	3	2
2	3	8	1	5	7	4	6	9
7	9	4	6	2	3	5	1	8

457

2	6	1	7	3	8	5	9	4
7	8	5	6	9	4	2	1	3
4	9	3	5	2	1	6	8	7
3	1	7	9	4	2	8	5	6
9	2	4	8	5	6	7	3	1
6	5	8	1	7	3	9	4	2
8	3	6	2	1	9	4	7	5
5	4	2	3	8	7	1	6	9
1	7	9	4	6	5	3	2	8

458

8	9	7	5	6	1	3	4	2
4	6	3	9	7	2	1	5	8
5	2	1	3	8	4	7	9	6
2	5	9	7	1	6	4	8	3
7	8	6	4	3	9	2	1	5
1	3	4	2	5	8	6	7	9
6	4	2	8	9	7	5	3	1
9	7	5	1	2	3	8	6	4
3	1	8	6	4	5	9	2	7

459

1	2	3	7	9	5	6	4	8
9	7	4	2	6	8	5	3	1
6	8	5	4	1	3	2	7	9
3	6	7	9	2	1	8	5	4
8	5	2	3	4	6	9	1	7
4	9	1	5	8	7	3	6	2
7	1	6	8	3	9	4	2	5
2	3	9	1	5	4	7	8	6
5	4	8	6	7	2	1	9	3

460

2	1	5	4	9	7	8	6	3
9	7	4	8	6	3	5	1	2
6	3	8	2	5	1	7	4	9
7	2	6	1	4	9	3	8	5
8	9	1	3	7	5	4	2	6
5	4	3	6	8	2	9	7	1
3	6	7	9	2	4	1	5	8
4	8	9	5	1	6	2	3	7
1	5	2	7	3	8	6	9	4

461

9	8	2	4	7	1	5	6	3
6	4	5	8	3	2	1	9	7
7	3	1	5	6	9	2	8	4
2	5	4	7	9	6	8	3	1
1	9	6	3	4	8	7	5	2
3	7	8	1	2	5	6	4	9
4	2	3	6	5	7	9	1	8
5	1	7	9	8	3	4	2	6
8	6	9	2	1	4	3	7	5

462

1	3	2	5	7	8	4	9	6
7	9	8	4	1	6	3	5	2
6	4	5	3	9	2	1	8	7
3	7	9	6	8	1	5	2	4
2	1	4	9	3	5	7	6	8
8	5	6	7	2	4	9	1	3
9	8	7	2	5	3	6	4	1
4	2	3	1	6	9	8	7	5
5	6	1	8	4	7	2	3	9

463

8	5	4	6	1	2	9	3	7
2	1	6	3	7	9	8	5	4
7	3	9	4	5	8	6	2	1
6	9	1	8	3	5	7	4	2
3	7	2	9	4	6	5	1	8
4	8	5	7	2	1	3	9	6
5	4	7	2	6	3	1	8	9
9	2	3	1	8	7	4	6	5
1	6	8	5	9	4	2	7	3

464

9	5	4	1	2	7	6	3	8
1	2	8	3	9	6	4	7	5
3	6	7	8	5	4	9	1	2
8	9	1	2	6	5	3	4	7
6	4	5	7	3	9	8	2	1
7	3	2	4	8	1	5	9	6
2	8	9	5	7	3	1	6	4
4	7	3	6	1	8	2	5	9
5	1	6	9	4	2	7	8	3

465

2	5	6	1	4	8	3	7	9
3	1	9	7	6	5	4	2	8
4	7	8	3	2	9	1	6	5
7	8	2	5	3	4	9	1	6
6	4	5	9	1	2	8	3	7
1	9	3	8	7	6	5	4	2
8	6	4	2	5	1	7	9	3
5	3	1	6	9	7	2	8	4
9	2	7	4	8	3	6	5	1

466

2	3	9	5	6	4	8	7	1
6	1	4	8	9	7	3	5	2
8	7	5	1	3	2	6	4	9
1	9	7	3	5	8	2	6	4
4	8	3	2	7	6	9	1	5
5	6	2	4	1	9	7	3	8
9	4	1	6	2	3	5	8	7
7	5	6	9	8	1	4	2	3
3	2	8	7	4	5	1	9	6

467

8	1	6	7	2	4	5	3	9
2	3	7	9	1	5	6	4	8
5	9	4	6	3	8	2	7	1
7	5	8	3	6	9	4	1	2
6	2	3	4	5	1	9	8	7
1	4	9	2	8	7	3	6	5
3	6	1	8	9	2	7	5	4
4	8	2	5	7	3	1	9	6
9	7	5	1	4	6	8	2	3

468

8	2	9	3	1	6	5	7	4
5	1	4	9	7	8	3	2	6
3	7	6	2	4	5	9	1	8
2	3	5	8	9	4	1	6	7
9	4	1	6	5	7	2	8	3
7	6	8	1	2	3	4	9	5
1	8	3	5	6	9	7	4	2
4	5	2	7	8	1	6	3	9
6	9	7	4	3	2	8	5	1

469

1	6	9	4	3	5	7	2	8
8	5	7	2	9	1	4	6	3
4	2	3	7	8	6	5	9	1
5	7	1	8	2	3	9	4	6
9	3	8	6	7	4	2	1	5
2	4	6	1	5	9	3	8	7
6	9	2	3	1	7	8	5	4
3	8	4	5	6	2	1	7	9
7	1	5	9	4	8	6	3	2

470

9	4	1	5	3	6	2	8	7
2	3	5	9	7	8	1	6	4
7	6	8	4	1	2	9	3	5
4	5	3	6	2	1	7	9	8
6	9	7	8	4	5	3	1	2
1	8	2	7	9	3	4	5	6
8	2	4	3	5	9	6	7	1
3	7	6	1	8	4	5	2	9
5	1	9	2	6	7	8	4	3

471

6	3	1	2	8	5	9	4	7
7	5	2	9	3	4	6	8	1
9	8	4	6	7	1	3	2	5
4	1	8	3	9	7	5	6	2
2	9	7	5	1	6	4	3	8
5	6	3	4	2	8	7	1	9
3	7	9	8	4	2	1	5	6
1	2	6	7	5	3	8	9	4
8	4	5	1	6	9	2	7	3

472

4	9	6	5	7	1	8	2	3
5	3	7	8	2	4	6	9	1
2	8	1	3	6	9	7	5	4
9	1	3	4	5	6	2	8	7
8	4	5	2	9	7	1	3	6
7	6	2	1	8	3	5	4	9
3	7	8	6	4	5	9	1	2
1	5	9	7	3	2	4	6	8
6	2	4	9	1	8	3	7	5

473

1	4	5	7	3	2	9	8	6
3	6	7	9	4	8	2	1	5
8	9	2	6	5	1	4	7	3
5	8	1	4	2	7	6	3	9
7	2	9	5	6	3	1	4	8
6	3	4	8	1	9	7	5	2
4	1	3	2	9	5	8	6	7
2	7	6	3	8	4	5	9	1
9	5	8	1	7	6	3	2	4

474

3	1	8	5	2	4	7	9	6
6	2	7	3	8	9	5	1	4
4	9	5	6	1	7	2	3	8
9	4	2	1	7	5	8	6	3
1	5	6	8	9	3	4	2	7
8	7	3	2	4	6	1	5	9
7	6	1	4	3	2	9	8	5
5	8	9	7	6	1	3	4	2
2	3	4	9	5	8	6	7	1

475

6	1	3	4	8	7	5	9	2
2	5	7	9	6	3	1	4	8
4	9	8	5	1	2	6	7	3
9	6	2	3	5	8	4	1	7
3	8	1	7	4	6	9	2	5
7	4	5	2	9	1	3	8	6
5	3	9	8	7	4	2	6	1
1	7	4	6	2	5	8	3	9
8	2	6	1	3	9	7	5	4

476

1	2	8	3	9	7	5	6	4
6	4	7	1	5	8	3	9	2
9	3	5	6	4	2	8	7	1
7	1	3	2	8	6	4	5	9
4	6	9	5	1	3	7	2	8
5	8	2	4	7	9	6	1	3
3	5	1	7	2	4	9	8	6
2	9	6	8	3	5	1	4	7
8	7	4	9	6	1	2	3	5

477

6	9	8	2	4	5	7	1	3
1	5	3	6	7	9	4	2	8
2	4	7	3	1	8	9	5	6
8	7	1	9	2	4	3	6	5
5	6	9	8	3	7	1	4	2
4	3	2	1	5	6	8	7	9
7	2	6	4	9	3	5	8	1
3	1	5	7	8	2	6	9	4
9	8	4	5	6	1	2	3	7

478

8	2	6	7	3	5	9	4	1
7	1	9	4	2	6	5	8	3
3	5	4	1	9	8	6	7	2
2	7	8	6	5	9	1	3	4
1	6	3	2	7	4	8	5	9
9	4	5	8	1	3	2	6	7
6	8	7	9	4	1	3	2	5
4	3	1	5	6	2	7	9	8
5	9	2	3	8	7	4	1	6

479

6	7	8	9	5	1	3	2	4
1	9	2	4	3	6	8	7	5
4	3	5	7	2	8	9	6	1
9	2	4	8	7	3	5	1	6
8	1	7	5	6	4	2	3	9
3	5	6	2	1	9	4	8	7
2	6	3	1	9	5	7	4	8
5	4	1	3	8	7	6	9	2
7	8	9	6	4	2	1	5	3

480

3	2	9	5	8	6	4	7	1
7	6	5	1	9	4	8	2	3
8	1	4	2	3	7	9	6	5
9	5	1	4	6	3	2	8	7
2	4	3	7	1	8	5	9	6
6	8	7	9	2	5	3	1	4
1	7	8	3	5	2	6	4	9
5	9	6	8	4	1	7	3	2
4	3	2	6	7	9	1	5	8

481

5	9	2	6	3	8	7	1	4
7	3	4	5	1	2	6	8	9
8	1	6	7	9	4	5	3	2
9	7	8	4	2	6	1	5	3
6	2	1	3	5	7	4	9	8
3	4	5	1	8	9	2	7	6
2	5	9	8	6	1	3	4	7
4	6	3	9	7	5	8	2	1
1	8	7	2	4	3	9	6	5

482

5	3	6	4	2	8	9	7	1
2	1	4	6	9	7	5	8	3
7	8	9	1	5	3	4	6	2
8	9	3	5	1	2	7	4	6
1	4	7	9	3	6	2	5	8
6	2	5	7	8	4	1	3	9
9	6	1	8	4	5	3	2	7
3	5	8	2	7	1	6	9	4
4	7	2	3	6	9	8	1	5

483

4	3	7	6	9	5	1	2	8
9	5	1	2	3	8	4	6	7
2	8	6	7	1	4	9	5	3
7	1	5	3	6	2	8	9	4
8	4	9	5	7	1	2	3	6
3	6	2	4	8	9	5	7	1
6	9	8	1	5	3	7	4	2
1	2	3	9	4	7	6	8	5
5	7	4	8	2	6	3	1	9

484

9	8	5	4	7	1	2	6	3
4	2	7	6	8	3	1	9	5
1	3	6	9	2	5	4	7	8
2	6	1	7	5	8	3	4	9
8	7	3	1	9	4	6	5	2
5	4	9	3	6	2	8	1	7
3	9	2	5	4	6	7	8	1
6	5	8	2	1	7	9	3	4
7	1	4	8	3	9	5	2	6

485

9	1	2	6	5	8	7	4	3
3	7	6	1	4	9	5	2	8
4	5	8	2	7	3	1	9	6
8	9	4	5	1	2	6	3	7
7	2	1	8	3	6	4	5	9
6	3	5	4	9	7	8	1	2
1	6	9	3	8	5	2	7	4
2	4	3	7	6	1	9	8	5
5	8	7	9	2	4	3	6	1

486

6	7	8	1	5	3	9	2	4
2	9	3	4	7	8	6	5	1
1	4	5	9	2	6	7	3	8
7	3	1	2	6	4	5	8	9
5	6	4	8	9	1	3	7	2
9	8	2	7	3	5	1	4	6
3	2	9	6	4	7	8	1	5
8	5	6	3	1	2	4	9	7
4	1	7	5	8	9	2	6	3

487

6	8	9	4	1	7	5	2	3
1	2	3	9	5	6	4	8	7
7	4	5	2	3	8	6	9	1
9	3	2	1	7	4	8	5	6
8	1	7	6	2	5	9	3	4
5	6	4	3	8	9	7	1	2
3	9	8	7	4	2	1	6	5
2	7	6	5	9	1	3	4	8
4	5	1	8	6	3	2	7	9

488

8	3	1	9	2	7	6	5	4
2	6	7	5	3	4	9	8	1
4	5	9	1	6	8	3	2	7
9	7	4	3	5	1	2	6	8
5	1	3	6	8	2	4	7	9
6	8	2	4	7	9	5	1	3
7	4	6	2	1	3	8	9	5
1	9	5	8	4	6	7	3	2
3	2	8	7	9	5	1	4	6

489

3	9	2	8	1	5	4	6	7
5	7	1	4	6	9	8	2	3
4	8	6	2	7	3	9	5	1
8	6	7	5	4	2	1	3	9
9	2	4	7	3	1	5	8	6
1	3	5	6	9	8	2	7	4
7	1	8	9	5	6	3	4	2
6	5	9	3	2	4	7	1	8
2	4	3	1	8	7	6	9	5

490

8	9	4	1	5	7	2	3	6
6	5	7	9	3	2	4	1	8
2	3	1	6	8	4	9	5	7
1	2	6	3	7	9	5	8	4
9	7	3	5	4	8	6	2	1
5	4	8	2	6	1	3	7	9
4	1	2	7	9	3	8	6	5
7	6	9	8	2	5	1	4	3
3	8	5	4	1	6	7	9	2

491

9	8	5	7	3	4	2	1	6
1	6	3	5	9	2	4	8	7
4	7	2	8	6	1	5	3	9
5	3	6	4	8	9	1	7	2
8	2	4	1	7	6	9	5	3
7	9	1	3	2	5	6	4	8
6	5	8	9	1	3	7	2	4
2	4	7	6	5	8	3	9	1
3	1	9	2	4	7	8	6	5

492

7	9	2	6	8	1	4	5	3
8	3	6	5	9	4	7	1	2
4	1	5	3	2	7	8	9	6
2	4	1	9	5	8	3	6	7
5	7	8	1	3	6	9	2	4
9	6	3	4	7	2	5	8	1
6	5	4	7	1	9	2	3	8
1	2	9	8	4	3	6	7	5
3	8	7	2	6	5	1	4	9

493

1	7	3	4	8	9	6	2	5
5	9	8	2	7	6	3	4	1
6	2	4	1	5	3	9	7	8
4	5	7	3	6	1	2	8	9
8	1	2	7	9	5	4	6	3
3	6	9	8	2	4	1	5	7
7	3	1	5	4	2	8	9	6
2	8	6	9	3	7	5	1	4
9	4	5	6	1	8	7	3	2

494

6	5	2	4	9	7	1	3	8
9	1	8	6	5	3	4	2	7
4	3	7	8	1	2	5	9	6
2	7	1	9	4	8	6	5	3
3	6	4	1	7	5	2	8	9
8	9	5	2	3	6	7	1	4
1	2	6	3	8	4	9	7	5
7	4	3	5	2	9	8	6	1
5	8	9	7	6	1	3	4	2

495

2	5	3	4	1	8	7	9	6
4	6	8	9	2	7	1	3	5
1	7	9	3	6	5	8	2	4
6	2	7	5	4	1	9	8	3
3	9	5	8	7	6	2	4	1
8	1	4	2	3	9	6	5	7
9	4	6	1	8	3	5	7	2
5	3	1	7	9	2	4	6	8
7	8	2	6	5	4	3	1	9

496

9	2	6	7	1	5	8	4	3
4	8	5	3	6	2	1	7	9
7	1	3	8	4	9	6	2	5
5	6	4	1	9	7	2	3	8
3	9	1	2	5	8	7	6	4
8	7	2	4	3	6	5	9	1
2	3	9	6	8	1	4	5	7
1	5	7	9	2	4	3	8	6
6	4	8	5	7	3	9	1	2

497

3	5	4	1	7	8	2	9	6
8	1	6	9	2	3	7	5	4
7	2	9	6	5	4	8	3	1
2	4	1	7	6	9	5	8	3
9	6	8	3	4	5	1	7	2
5	7	3	2	8	1	6	4	9
4	3	2	5	1	7	9	6	8
6	8	5	4	9	2	3	1	7
1	9	7	8	3	6	4	2	5

498

9	8	5	3	2	1	4	7	6
7	2	6	4	5	8	1	3	9
3	4	1	6	9	7	2	5	8
6	9	8	1	7	5	3	4	2
5	3	7	2	6	4	9	8	1
4	1	2	8	3	9	5	6	7
2	6	9	7	4	3	8	1	5
8	5	4	9	1	6	7	2	3
1	7	3	5	8	2	6	9	4

499

8	4	9	7	5	3	1	2	6
6	1	3	9	2	4	5	8	7
5	2	7	6	8	1	4	9	3
4	7	6	1	9	5	8	3	2
2	9	5	8	3	6	7	1	4
1	3	8	2	4	7	6	5	9
9	6	2	5	7	8	3	4	1
7	8	4	3	1	9	2	6	5
3	5	1	4	6	2	9	7	8

500

9	6	1	8	4	7	3	5	2
4	2	3	1	5	9	6	7	8
7	8	5	2	6	3	1	4	9
8	9	7	4	3	2	5	6	1
3	5	2	6	9	1	7	8	4
6	1	4	5	7	8	2	9	3
5	7	9	3	1	4	8	2	6
1	4	8	7	2	6	9	3	5
2	3	6	9	8	5	4	1	7

501

8	1	6	5	2	9	3	7	4
5	9	7	3	4	1	6	2	8
2	3	4	8	6	7	5	9	1
9	6	2	4	1	3	7	8	5
3	5	8	7	9	6	1	4	2
4	7	1	2	8	5	9	3	6
7	8	9	6	5	4	2	1	3
6	4	3	1	7	2	8	5	9
1	2	5	9	3	8	4	6	7

502

4	7	6	1	9	2	5	3	8
5	9	2	7	8	3	4	1	6
3	1	8	5	4	6	7	9	2
1	2	4	8	3	7	9	6	5
6	8	9	2	5	1	3	7	4
7	5	3	4	6	9	8	2	1
2	3	5	6	7	8	1	4	9
8	6	7	9	1	4	2	5	3
9	4	1	3	2	5	6	8	7

503

8	7	6	3	9	2	5	1	4
2	4	3	6	5	1	7	9	8
1	5	9	7	4	8	6	3	2
6	1	4	2	3	5	9	8	7
9	2	5	8	7	4	3	6	1
3	8	7	1	6	9	4	2	5
5	9	1	4	8	6	2	7	3
7	6	8	5	2	3	1	4	9
4	3	2	9	1	7	8	5	6

504

8	4	6	3	1	7	9	2	5
9	3	2	4	6	5	1	8	7
7	5	1	8	9	2	6	3	4
4	6	7	1	2	3	5	9	8
1	8	9	5	4	6	2	7	3
5	2	3	7	8	9	4	1	6
2	9	8	6	7	4	3	5	1
3	1	4	9	5	8	7	6	2
6	7	5	2	3	1	8	4	9

505

4	3	9	6	8	1	5	2	7
8	7	6	5	2	9	3	4	1
2	5	1	7	4	3	9	8	6
3	9	8	4	6	2	7	1	5
6	2	5	1	9	7	8	3	4
7	1	4	3	5	8	2	6	9
5	4	3	2	7	6	1	9	8
9	6	2	8	1	5	4	7	3
1	8	7	9	3	4	6	5	2

506

4	3	6	2	8	1	5	9	7
7	1	8	9	5	3	6	4	2
2	5	9	6	7	4	3	8	1
8	7	1	5	2	6	9	3	4
3	4	2	8	1	9	7	6	5
9	6	5	3	4	7	2	1	8
1	8	3	7	6	5	4	2	9
6	2	7	4	9	8	1	5	3
5	9	4	1	3	2	8	7	6

507

1	8	5	3	4	6	2	7	9
3	7	6	9	8	2	5	4	1
2	9	4	7	1	5	6	3	8
4	6	9	5	3	7	1	8	2
5	1	3	8	2	4	7	9	6
7	2	8	1	6	9	4	5	3
8	5	7	6	9	1	3	2	4
6	3	2	4	7	8	9	1	5
9	4	1	2	5	3	8	6	7

508

7	8	3	5	1	9	2	4	6
9	4	1	6	2	7	3	8	5
2	6	5	8	4	3	1	9	7
5	9	6	4	8	1	7	2	3
3	1	4	7	6	2	8	5	9
8	7	2	3	9	5	6	1	4
1	3	7	2	5	4	9	6	8
4	2	8	9	7	6	5	3	1
6	5	9	1	3	8	4	7	2

509

8	1	9	6	3	7	4	2	5
5	7	2	1	4	9	8	3	6
3	6	4	2	8	5	9	7	1
4	3	7	9	1	6	5	8	2
6	9	1	5	2	8	3	4	7
2	5	8	3	7	4	6	1	9
1	2	5	8	9	3	7	6	4
9	4	3	7	6	2	1	5	8
7	8	6	4	5	1	2	9	3

510

8	1	2	3	6	4	9	7	5
4	7	3	9	2	5	6	8	1
5	6	9	7	8	1	3	2	4
2	9	1	6	7	3	5	4	8
3	8	4	5	1	2	7	9	6
6	5	7	8	4	9	1	3	2
9	2	6	4	5	7	8	1	3
1	3	8	2	9	6	4	5	7
7	4	5	1	3	8	2	6	9

511

6	1	4	2	5	3	9	7	8
7	8	2	9	4	6	1	3	5
5	3	9	8	7	1	4	6	2
1	9	5	7	6	4	2	8	3
4	7	3	1	8	2	5	9	6
8	2	6	5	3	9	7	4	1
9	4	8	6	1	5	3	2	7
2	5	7	3	9	8	6	1	4
3	6	1	4	2	7	8	5	9

512

5	7	8	9	1	3	2	4	6
1	3	6	4	5	2	7	9	8
2	4	9	7	8	6	1	3	5
8	6	3	5	2	7	4	1	9
9	2	4	1	6	8	5	7	3
7	5	1	3	4	9	8	6	2
6	8	7	2	9	1	3	5	4
3	9	5	8	7	4	6	2	1
4	1	2	6	3	5	9	8	7

513

1	8	4	6	5	9	3	2	7
5	2	6	7	4	3	9	8	1
7	3	9	1	8	2	5	6	4
2	4	8	9	6	7	1	3	5
3	6	5	2	1	4	7	9	8
9	1	7	5	3	8	2	4	6
8	5	1	3	9	6	4	7	2
6	7	3	4	2	1	8	5	9
4	9	2	8	7	5	6	1	3

514

4	1	3	2	8	6	5	9	7
2	5	8	9	7	3	1	6	4
9	6	7	5	4	1	2	8	3
3	8	4	6	1	5	7	2	9
7	9	6	4	2	8	3	1	5
1	2	5	3	9	7	8	4	6
8	4	1	7	3	9	6	5	2
5	7	9	8	6	2	4	3	1
6	3	2	1	5	4	9	7	8

515

9	5	1	3	8	4	7	6	2
3	8	7	1	6	2	5	9	4
6	2	4	9	7	5	3	8	1
1	3	2	7	4	9	6	5	8
8	4	6	2	5	3	9	1	7
7	9	5	8	1	6	2	4	3
5	1	8	6	2	7	4	3	9
2	6	9	4	3	1	8	7	5
4	7	3	5	9	8	1	2	6

516

8	9	5	4	6	1	3	2	7
7	6	3	2	5	9	4	1	8
1	2	4	3	8	7	6	5	9
6	8	9	7	4	2	1	3	5
3	1	2	5	9	6	8	7	4
5	4	7	1	3	8	2	9	6
4	3	6	9	2	5	7	8	1
9	7	8	6	1	3	5	4	2
2	5	1	8	7	4	9	6	3

517

9	8	3	7	5	1	2	4	6
1	5	6	4	2	8	7	9	3
2	7	4	6	3	9	1	5	8
3	2	7	5	8	6	4	1	9
8	4	9	2	1	3	6	7	5
6	1	5	9	7	4	8	3	2
4	6	1	3	9	2	5	8	7
7	9	2	8	4	5	3	6	1
5	3	8	1	6	7	9	2	4

518

6	5	4	8	1	2	7	9	3
8	2	3	7	9	4	1	5	6
1	9	7	5	3	6	2	8	4
3	7	6	4	8	9	5	2	1
5	1	8	3	2	7	6	4	9
2	4	9	6	5	1	3	7	8
4	8	5	2	6	3	9	1	7
9	6	2	1	7	8	4	3	5
7	3	1	9	4	5	8	6	2

519

8	5	9	1	6	3	4	7	2
3	6	7	2	4	9	1	5	8
1	4	2	8	5	7	3	6	9
7	1	4	5	9	6	8	2	3
6	2	8	3	1	4	7	9	5
9	3	5	7	8	2	6	4	1
2	8	1	6	7	5	9	3	4
5	9	6	4	3	8	2	1	7
4	7	3	9	2	1	5	8	6

520

1	8	4	2	3	6	7	5	9
6	3	5	7	1	9	8	2	4
7	2	9	4	8	5	3	1	6
8	1	3	5	4	7	9	6	2
4	6	7	9	2	1	5	8	3
9	5	2	8	6	3	4	7	1
2	7	1	3	5	4	6	9	8
5	4	6	1	9	8	2	3	7
3	9	8	6	7	2	1	4	5

521

1	8	4	7	2	9	3	5	6
5	7	6	1	8	3	4	2	9
2	3	9	4	5	6	7	1	8
4	9	5	3	1	2	8	6	7
7	1	3	9	6	8	2	4	5
8	6	2	5	7	4	9	3	1
6	4	7	8	3	5	1	9	2
3	2	1	6	9	7	5	8	4
9	5	8	2	4	1	6	7	3

522

4	1	3	2	5	9	6	8	7
8	5	9	6	3	7	2	1	4
7	2	6	8	4	1	3	5	9
1	3	5	9	8	2	4	7	6
9	7	2	4	6	5	1	3	8
6	4	8	1	7	3	9	2	5
3	9	7	5	2	6	8	4	1
2	6	4	7	1	8	5	9	3
5	8	1	3	9	4	7	6	2

523

7	4	3	9	2	6	5	1	8
1	5	2	3	8	4	7	6	9
6	9	8	1	7	5	3	2	4
9	7	6	5	4	1	2	8	3
5	2	1	8	6	3	9	4	7
3	8	4	7	9	2	6	5	1
4	1	9	2	5	7	8	3	6
2	3	7	6	1	8	4	9	5
8	6	5	4	3	9	1	7	2

524

5	2	7	3	6	8	9	1	4
3	8	9	2	1	4	7	6	5
6	1	4	9	7	5	8	3	2
1	7	5	4	9	6	3	2	8
2	6	8	1	5	3	4	9	7
4	9	3	7	8	2	6	5	1
9	3	1	8	2	7	5	4	6
8	4	6	5	3	1	2	7	9
7	5	2	6	4	9	1	8	3

525

5	8	2	9	3	6	1	4	7
4	7	6	8	1	2	9	5	3
1	9	3	7	5	4	2	8	6
9	5	7	6	2	8	3	1	4
2	4	1	3	7	9	5	6	8
3	6	8	5	4	1	7	9	2
6	2	5	1	8	7	4	3	9
7	1	9	4	6	3	8	2	5
8	3	4	2	9	5	6	7	1

526

8	3	2	7	5	6	1	4	9
4	9	5	3	2	1	6	8	7
6	7	1	4	9	8	2	3	5
3	2	8	5	6	4	7	9	1
9	5	7	1	8	2	3	6	4
1	4	6	9	3	7	5	2	8
7	1	3	2	4	9	8	5	6
2	6	9	8	1	5	4	7	3
5	8	4	6	7	3	9	1	2

527

8	3	1	4	5	2	9	7	6
2	5	7	6	9	8	4	3	1
9	4	6	7	1	3	2	8	5
4	6	5	9	8	1	3	2	7
3	7	8	5	2	4	6	1	9
1	2	9	3	6	7	8	5	4
6	1	2	8	4	5	7	9	3
5	9	3	2	7	6	1	4	8
7	8	4	1	3	9	5	6	2

528

7	9	3	5	6	8	4	1	2
5	1	2	4	9	7	8	3	6
8	6	4	3	2	1	5	7	9
3	7	9	1	4	6	2	5	8
2	4	8	9	7	5	1	6	3
6	5	1	2	8	3	9	4	7
4	8	5	6	3	9	7	2	1
1	3	7	8	5	2	6	9	4
9	2	6	7	1	4	3	8	5

529

```
5 2 6 9 1 3 7 8 4
1 7 4 5 6 8 9 3 2
8 3 9 4 2 7 6 1 5
9 4 8 7 3 2 1 5 6
3 5 1 6 8 4 2 7 9
7 6 2 1 5 9 8 4 3
4 1 7 2 9 5 3 6 8
6 9 3 8 4 1 5 2 7
2 8 5 3 7 6 4 9 1
```

530

```
9 4 8 3 2 6 1 5 7
3 6 1 4 5 7 9 2 8
5 2 7 8 9 1 4 6 3
7 1 5 2 3 9 8 4 6
4 9 6 1 8 5 7 3 2
8 3 2 6 7 4 5 1 9
6 7 9 5 4 3 2 8 1
2 5 3 9 1 8 6 7 4
1 8 4 7 6 2 3 9 5
```

531

```
1 7 9 3 6 2 5 8 4
3 2 6 4 8 5 1 9 7
4 5 8 7 9 1 6 2 3
9 6 5 2 7 4 8 3 1
2 4 1 8 3 6 9 7 5
7 8 3 1 5 9 4 6 2
8 1 2 6 4 7 3 5 9
6 9 7 5 1 3 2 4 8
5 3 4 9 2 8 7 1 6
```

532

```
8 2 7 1 4 5 3 9 6
6 3 5 2 9 7 4 1 8
1 4 9 3 8 6 7 2 5
5 9 3 8 2 1 6 4 7
4 1 6 7 3 9 5 8 2
7 8 2 5 6 4 9 3 1
2 6 8 9 7 3 1 5 4
9 7 1 4 5 8 2 6 3
3 5 4 6 1 2 8 7 9
```

533

```
3 9 1 5 4 6 8 2 7
7 5 6 2 8 1 9 4 3
8 4 2 7 9 3 6 1 5
1 8 4 3 5 9 7 6 2
2 7 5 8 6 4 3 9 1
6 3 9 1 2 7 5 8 4
4 6 3 9 7 2 1 5 8
5 2 7 6 1 8 4 3 9
9 1 8 4 3 5 2 7 6
```

534

```
2 6 7 8 4 3 9 1 5
5 1 3 9 6 7 8 4 2
9 8 4 2 1 5 6 7 3
7 4 1 3 2 8 5 6 9
8 9 6 1 5 4 2 3 7
3 5 2 6 7 9 1 8 4
4 7 8 5 9 1 3 2 6
1 2 9 4 3 6 7 5 8
6 3 5 7 8 2 4 9 1
```

535

```
8 1 5 4 3 9 7 2 6
9 4 7 2 1 6 3 8 5
3 6 2 7 8 5 1 9 4
5 7 1 6 9 2 4 3 8
6 2 8 3 5 4 9 7 1
4 9 3 1 7 8 5 6 2
7 8 4 9 6 1 2 5 3
1 5 9 8 2 3 6 4 7
2 3 6 5 4 7 8 1 9
```

536

```
4 2 9 8 1 7 3 6 5
6 3 8 9 5 2 7 1 4
5 7 1 6 3 4 8 9 2
1 5 7 3 4 9 6 2 8
9 8 2 7 6 1 5 4 3
3 6 4 2 8 5 9 7 1
2 1 6 5 7 3 4 8 9
8 9 5 4 2 6 1 3 7
7 4 3 1 9 8 2 5 6
```

537

```
8 7 3 9 5 2 4 1 6
5 4 2 6 1 3 9 8 7
9 6 1 4 7 8 3 5 2
7 2 8 1 9 6 5 4 3
3 5 4 8 2 7 6 9 1
1 9 6 3 4 5 7 2 8
4 8 7 5 6 1 2 3 9
6 3 5 2 8 9 1 7 4
2 1 9 7 3 4 8 6 5
```

538

```
1 8 3 4 9 2 6 5 7
2 6 5 8 3 7 1 4 9
7 9 4 1 6 5 2 8 3
9 2 6 3 7 4 5 1 8
5 3 7 2 8 1 9 6 4
4 1 8 9 5 6 3 7 2
3 7 1 5 2 8 4 9 6
8 4 9 6 1 3 7 2 5
6 5 2 7 4 9 8 3 1
```

539

```
6 9 2 7 8 1 4 5 3
7 5 4 9 2 3 6 1 8
1 8 3 6 4 5 9 2 7
3 6 5 4 1 7 2 8 9
4 7 1 2 9 8 5 3 6
9 2 8 3 5 6 1 7 4
5 1 6 8 3 9 7 4 2
8 4 7 1 6 2 3 9 5
2 3 9 5 7 4 8 6 1
```

540

```
2 4 8 9 1 7 3 5 6
6 3 1 8 2 5 4 9 7
7 5 9 6 3 4 2 8 1
9 1 7 3 4 8 5 6 2
5 8 3 1 6 2 7 4 9
4 6 2 7 5 9 1 3 8
3 2 6 4 8 1 9 7 5
8 9 5 2 7 3 6 1 4
1 7 4 5 9 6 8 2 3
```

541

4	3	5	6	7	2	1	8	9
9	6	1	8	4	3	2	7	5
7	8	2	1	5	9	3	6	4
3	7	6	5	2	1	4	9	8
5	2	9	4	8	7	6	1	3
1	4	8	3	9	6	5	2	7
2	5	3	9	1	8	7	4	6
6	9	7	2	3	4	8	5	1
8	1	4	7	6	5	9	3	2

542

8	4	2	5	9	3	1	7	6
1	3	5	7	6	8	4	9	2
7	9	6	4	2	1	3	8	5
4	1	3	2	7	9	6	5	8
6	7	8	1	3	5	2	4	9
5	2	9	6	8	4	7	1	3
2	8	4	9	1	6	5	3	7
3	5	7	8	4	2	9	6	1
9	6	1	3	5	7	8	2	4

543

2	4	5	8	6	9	3	7	1
7	3	6	5	1	2	4	8	9
1	8	9	4	3	7	5	6	2
3	5	1	2	4	6	8	9	7
8	9	2	7	5	1	6	3	4
4	6	7	9	8	3	1	2	5
9	1	3	6	7	4	2	5	8
5	2	4	3	9	8	7	1	6
6	7	8	1	2	5	9	4	3

544

4	9	5	1	8	3	6	2	7
1	7	8	9	6	2	5	4	3
6	3	2	7	5	4	8	1	9
7	1	4	5	9	8	2	3	6
5	2	6	4	3	1	7	9	8
3	8	9	2	7	6	1	5	4
8	4	7	3	1	5	9	6	2
9	5	3	6	2	7	4	8	1
2	6	1	8	4	9	3	7	5

545

1	8	5	7	3	6	4	2	9
9	6	3	2	5	4	7	8	1
7	2	4	8	1	9	6	3	5
8	5	7	1	6	3	9	4	2
2	4	9	5	7	8	1	6	3
6	3	1	9	4	2	5	7	8
4	1	2	6	8	5	3	9	7
5	9	6	3	2	7	8	1	4
3	7	8	4	9	1	2	5	6

546

4	9	1	6	8	7	5	2	3
5	6	7	2	3	9	4	8	1
8	3	2	4	1	5	6	7	9
1	2	5	7	6	8	3	9	4
6	4	3	9	2	1	7	5	8
7	8	9	3	5	4	2	1	6
3	1	4	5	9	2	8	6	7
9	5	6	8	7	3	1	4	2
2	7	8	1	4	6	9	3	5

547

4	9	2	5	7	8	1	3	6
3	8	1	2	6	4	9	7	5
7	6	5	3	1	9	4	2	8
8	5	7	9	4	2	6	1	3
2	3	9	6	5	1	7	8	4
1	4	6	7	8	3	5	9	2
5	2	8	1	9	6	3	4	7
6	1	4	8	3	7	2	5	9
9	7	3	4	2	5	8	6	1

548

1	5	2	7	6	9	3	4	8
7	4	9	8	1	3	5	6	2
3	8	6	4	2	5	9	7	1
4	2	7	6	9	1	8	5	3
5	6	8	3	4	2	7	1	9
9	3	1	5	8	7	4	2	6
2	7	4	9	3	6	1	8	5
6	9	5	1	7	8	2	3	4
8	1	3	2	5	4	6	9	7

549

1	9	8	6	7	2	3	5	4
2	5	6	3	1	4	8	7	9
7	4	3	5	9	8	1	6	2
4	8	1	7	2	3	5	9	6
9	3	2	1	6	5	4	8	7
5	6	7	8	4	9	2	1	3
6	2	5	4	8	7	9	3	1
8	1	4	9	3	6	7	2	5
3	7	9	2	5	1	6	4	8

550

2	8	5	9	7	4	6	3	1
7	3	4	5	1	6	2	8	9
6	1	9	2	3	8	4	7	5
4	7	1	6	9	5	3	2	8
8	6	3	1	2	7	9	5	4
5	9	2	4	8	3	7	1	6
3	5	7	8	4	9	1	6	2
9	2	8	3	6	1	5	4	7
1	4	6	7	5	2	8	9	3

551

1	4	2	3	5	8	9	7	6
7	3	5	9	6	1	8	2	4
9	6	8	2	4	7	5	1	3
6	1	9	5	2	4	3	8	7
5	7	4	1	8	3	6	9	2
8	2	3	6	7	9	4	5	1
3	5	1	7	9	6	2	4	8
4	9	7	8	3	2	1	6	5
2	8	6	4	1	5	7	3	9

552

7	1	5	4	3	8	6	2	9
3	4	2	9	7	6	8	5	1
9	6	8	5	1	2	7	3	4
6	9	1	2	8	5	4	7	3
4	5	7	1	6	3	9	8	2
8	2	3	7	4	9	1	6	5
1	8	4	3	5	7	2	9	6
2	3	6	8	9	4	5	1	7
5	7	9	6	2	1	3	4	8

553

9	7	4	2	3	5	8	1	6
1	2	6	8	7	9	3	4	5
3	8	5	1	4	6	7	2	9
6	4	2	5	1	7	9	8	3
5	1	8	3	9	2	6	7	4
7	3	9	6	8	4	1	5	2
8	9	1	4	2	3	5	6	7
4	5	3	7	6	8	2	9	1
2	6	7	9	5	1	4	3	8

554

1	4	7	9	5	3	6	2	8
5	2	9	6	4	8	3	1	7
8	3	6	7	2	1	9	5	4
7	1	5	3	8	4	2	6	9
4	6	8	5	9	2	1	7	3
3	9	2	1	6	7	8	4	5
9	5	1	4	3	6	7	8	2
6	8	3	2	7	5	4	9	1
2	7	4	8	1	9	5	3	6

555

7	9	6	4	2	5	1	8	3
1	3	2	7	8	9	4	5	6
4	8	5	3	6	1	9	2	7
3	2	8	6	1	4	7	9	5
6	4	7	5	9	3	2	1	8
9	5	1	8	7	2	3	6	4
2	7	4	1	5	6	8	3	9
5	1	3	9	4	8	6	7	2
8	6	9	2	3	7	5	4	1

556

9	6	7	2	5	1	3	8	4
5	4	1	8	7	3	9	2	6
3	2	8	4	9	6	5	7	1
2	8	9	3	1	5	6	4	7
4	1	5	6	2	7	8	9	3
7	3	6	9	4	8	1	5	2
6	7	3	5	8	2	4	1	9
8	9	2	1	6	4	7	3	5
1	5	4	7	3	9	2	6	8

557

5	2	1	7	4	9	3	6	8
9	4	7	6	3	8	1	2	5
8	3	6	2	5	1	7	9	4
6	9	4	8	7	3	2	5	1
2	8	3	5	1	4	9	7	6
7	1	5	9	2	6	4	8	3
3	7	2	1	8	5	6	4	9
1	5	9	4	6	2	8	3	7
4	6	8	3	9	7	5	1	2

558

2	4	6	7	3	1	9	5	8
1	5	8	9	4	2	3	7	6
3	7	9	5	8	6	4	2	1
8	9	7	6	2	3	5	1	4
6	3	1	4	5	8	7	9	2
4	2	5	1	7	9	6	8	3
5	6	2	8	9	4	1	3	7
9	1	3	2	6	7	8	4	5
7	8	4	3	1	5	2	6	9

559

2	9	4	8	1	7	3	5	6
7	3	8	5	6	4	1	2	9
6	5	1	9	2	3	8	7	4
1	4	5	6	3	9	7	8	2
3	2	9	4	7	8	5	6	1
8	6	7	1	5	2	4	9	3
4	8	6	7	9	1	2	3	5
5	7	3	2	4	6	9	1	8
9	1	2	3	8	5	6	4	7

560

9	4	8	6	3	5	2	7	1
6	2	5	7	1	8	4	9	3
7	1	3	2	9	4	8	5	6
8	3	2	5	4	7	6	1	9
1	9	7	8	6	3	5	4	2
4	5	6	9	2	1	7	3	8
3	6	4	1	5	2	9	8	7
2	7	1	4	8	9	3	6	5
5	8	9	3	7	6	1	2	4

561

4	3	2	9	7	6	1	5	8
5	9	6	1	4	8	2	7	3
7	1	8	2	3	5	4	6	9
1	6	4	8	5	9	3	2	7
9	2	5	7	1	3	8	4	6
3	8	7	4	6	2	9	1	5
2	4	3	5	9	7	6	8	1
6	5	1	3	8	4	7	9	2
8	7	9	6	2	1	5	3	4

562

1	2	5	4	9	7	3	8	6
7	6	4	2	8	3	9	5	1
3	9	8	5	6	1	4	7	2
2	3	6	8	7	5	1	9	4
4	5	1	6	2	9	7	3	8
9	8	7	3	1	4	2	6	5
8	1	2	9	3	6	5	4	7
6	4	3	7	5	2	8	1	9
5	7	9	1	4	8	6	2	3

563

6	4	3	5	8	2	7	1	9
7	1	5	6	9	3	2	4	8
9	8	2	1	7	4	3	6	5
5	2	7	9	6	1	8	3	4
1	6	4	7	3	8	5	9	2
8	3	9	4	2	5	1	7	6
4	7	8	2	1	9	6	5	3
2	9	1	3	5	6	4	8	7
3	5	6	8	4	7	9	2	1

564

7	2	3	5	6	1	9	8	4
9	6	1	4	8	2	5	3	7
5	8	4	7	3	9	1	6	2
6	7	9	2	4	5	3	1	8
1	5	2	8	9	3	4	7	6
4	3	8	6	1	7	2	9	5
8	1	5	9	7	4	6	2	3
3	4	7	1	2	6	8	5	9
2	9	6	3	5	8	7	4	1

565

3	4	2	7	6	1	9	5	8
8	6	5	3	9	2	4	7	1
1	7	9	4	8	5	6	2	3
9	5	4	6	1	3	2	8	7
6	3	8	2	5	7	1	4	9
2	1	7	8	4	9	5	3	6
4	2	6	1	3	8	7	9	5
5	8	1	9	7	4	3	6	2
7	9	3	5	2	6	8	1	4

566

1	4	2	6	3	7	5	9	8
8	7	3	5	4	9	2	1	6
5	6	9	8	2	1	3	4	7
9	8	4	2	7	5	1	6	3
2	3	7	9	1	6	8	5	4
6	5	1	4	8	3	9	7	2
4	9	5	3	6	8	7	2	1
7	2	8	1	5	4	6	3	9
3	1	6	7	9	2	4	8	5

567

9	3	5	2	1	6	8	4	7
2	4	6	7	8	9	3	5	1
1	7	8	5	4	3	9	2	6
6	2	1	4	3	7	5	8	9
3	8	7	6	9	5	2	1	4
5	9	4	1	2	8	6	7	3
4	5	3	8	6	1	7	9	2
7	6	2	9	5	4	1	3	8
8	1	9	3	7	2	4	6	5

568

4	2	6	3	8	5	1	7	9
1	3	5	2	7	9	6	8	4
7	8	9	4	6	1	5	2	3
6	5	4	8	2	3	7	9	1
9	1	8	7	5	4	2	3	6
3	7	2	1	9	6	4	5	8
2	6	1	9	3	7	8	4	5
5	9	7	6	4	8	3	1	2
8	4	3	5	1	2	9	6	7

569

6	2	7	8	9	3	5	4	1
1	4	5	6	7	2	8	3	9
9	8	3	5	4	1	2	6	7
2	1	4	3	8	9	7	5	6
5	7	9	1	2	6	3	8	4
8	3	6	4	5	7	9	1	2
3	6	2	9	1	8	4	7	5
7	5	1	2	3	4	6	9	8
4	9	8	7	6	5	1	2	3

570

6	4	7	1	2	8	5	3	9
1	8	3	5	6	9	4	2	7
5	2	9	4	3	7	8	6	1
7	5	6	3	9	1	2	8	4
2	9	8	7	4	6	1	5	3
4	3	1	8	5	2	7	9	6
3	6	5	2	1	4	9	7	8
9	7	4	6	8	5	3	1	2
8	1	2	9	7	3	6	4	5

571

1	8	4	6	2	7	3	9	5
5	9	7	1	3	4	6	2	8
3	6	2	9	5	8	4	7	1
4	2	9	5	7	6	1	8	3
7	1	8	3	4	9	5	6	2
6	3	5	8	1	2	9	4	7
8	7	3	4	6	1	2	5	9
9	4	1	2	8	5	7	3	6
2	5	6	7	9	3	8	1	4

572

5	8	7	6	4	3	9	2	1
9	3	6	2	1	8	5	7	4
1	2	4	7	9	5	8	6	3
4	6	8	1	2	7	3	9	5
3	9	1	4	5	6	7	8	2
7	5	2	8	3	9	1	4	6
2	4	9	5	7	1	6	3	8
8	1	3	9	6	4	2	5	7
6	7	5	3	8	2	4	1	9

573

2	9	4	8	1	7	3	6	5
1	7	5	2	3	6	9	4	8
8	6	3	9	4	5	2	7	1
5	2	9	4	8	1	7	3	6
7	4	1	5	6	3	8	2	9
3	8	6	7	2	9	1	5	4
9	3	7	6	5	8	4	1	2
4	5	8	1	7	2	6	9	3
6	1	2	3	9	4	5	8	7

574

5	9	4	8	2	1	7	3	6
8	1	6	9	7	3	2	4	5
2	3	7	6	4	5	9	8	1
6	4	2	1	5	9	3	7	8
1	7	5	3	8	2	4	6	9
9	8	3	4	6	7	5	1	2
4	5	9	7	1	8	6	2	3
7	2	8	5	3	6	1	9	4
3	6	1	2	9	4	8	5	7

575

6	7	8	3	2	5	4	9	1
9	1	2	4	8	7	6	5	3
4	5	3	6	1	9	2	8	7
7	3	9	2	4	6	8	1	5
1	2	6	9	5	8	7	3	4
8	4	5	7	3	1	9	6	2
3	9	7	5	6	4	1	2	8
5	8	4	1	9	2	3	7	6
2	6	1	8	7	3	5	4	9

576

1	3	4	8	2	5	6	9	7
5	6	9	4	3	7	8	2	1
2	8	7	6	1	9	3	4	5
8	4	2	7	6	3	5	1	9
3	7	1	5	9	4	2	8	6
9	5	6	2	8	1	4	7	3
7	2	8	9	5	6	1	3	4
6	9	3	1	4	2	7	5	8
4	1	5	3	7	8	9	6	2

577

```
5 3 7 6 9 1 2 8 4
2 6 4 3 8 5 1 9 7
9 8 1 4 7 2 5 3 6
4 2 8 7 1 3 9 6 5
1 7 9 5 4 6 3 2 8
6 5 3 8 2 9 4 7 1
7 9 2 1 6 4 8 5 3
8 4 5 2 3 7 6 1 9
3 1 6 9 5 8 7 4 2
```

578

```
6 2 1 8 7 4 9 5 3
8 5 4 3 6 9 1 7 2
9 3 7 5 1 2 6 8 4
1 9 8 7 3 5 4 2 6
4 7 3 9 2 6 5 1 8
5 6 2 1 4 8 7 3 9
2 1 9 4 8 7 3 6 5
3 4 6 2 5 1 8 9 7
7 8 5 6 9 3 2 4 1
```

579

```
1 6 9 7 8 3 5 4 2
7 8 5 2 6 4 1 9 3
3 4 2 1 9 5 6 7 8
4 7 8 9 5 1 3 2 6
9 5 3 8 2 6 7 1 4
6 2 1 3 4 7 9 8 5
5 1 7 4 3 2 8 6 9
8 3 4 6 7 9 2 5 1
2 9 6 5 1 8 4 3 7
```

580

```
9 3 5 1 8 7 6 2 4
1 6 4 3 9 2 8 5 7
7 8 2 6 4 5 3 1 9
4 9 3 8 2 1 5 7 6
5 1 8 7 6 3 4 9 2
6 2 7 9 5 4 1 8 3
2 5 6 4 1 9 7 3 8
3 4 9 5 7 8 2 6 1
8 7 1 2 3 6 9 4 5
```

581

```
8 6 9 2 1 4 3 7 5
5 7 1 9 3 6 4 2 8
4 2 3 5 7 8 1 6 9
6 9 5 8 2 1 7 3 4
3 4 2 6 5 7 8 9 1
1 8 7 4 9 3 2 5 6
7 3 6 1 4 5 9 8 2
9 1 8 3 6 2 5 4 7
2 5 4 7 8 9 6 1 3
```

582

```
8 6 5 2 1 3 4 7 9
2 7 1 5 9 4 6 3 8
3 4 9 6 7 8 2 5 1
5 2 7 1 8 6 9 4 3
9 1 3 4 5 7 8 6 2
4 8 6 3 2 9 5 1 7
6 9 4 7 3 2 1 8 5
7 5 2 8 4 1 3 9 6
1 3 8 9 6 5 7 2 4
```

583

```
6 3 8 5 7 1 9 2 4
7 5 9 2 3 4 8 1 6
4 2 1 8 6 9 7 5 3
1 4 6 3 5 8 2 7 9
9 7 5 6 4 2 1 3 8
3 8 2 1 9 7 4 6 5
8 9 3 7 2 5 6 4 1
2 6 4 9 1 3 5 8 7
5 1 7 4 8 6 3 9 2
```

584

```
4 2 5 8 3 7 6 1 9
6 3 9 1 4 5 8 7 2
1 8 7 2 9 6 5 3 4
2 5 6 3 8 1 4 9 7
9 7 3 5 6 4 2 8 1
8 4 1 7 2 9 3 6 5
7 6 8 4 1 2 9 5 3
5 9 2 6 7 3 1 4 8
3 1 4 9 5 8 7 2 6
```

585

```
8 5 2 6 9 3 4 1 7
7 1 6 2 4 8 3 9 5
9 4 3 1 5 7 6 8 2
4 7 8 9 2 6 1 5 3
1 6 9 8 3 5 2 7 4
3 2 5 4 7 1 8 6 9
5 8 7 3 1 2 9 4 6
2 9 1 5 6 4 7 3 8
6 3 4 7 8 9 5 2 1
```

586

```
9 1 4 3 6 5 8 7 2
3 2 8 4 7 1 9 6 5
6 7 5 9 2 8 1 3 4
7 4 9 2 8 6 5 1 3
1 8 2 7 5 3 4 9 6
5 3 6 1 9 4 2 8 7
4 5 1 6 3 9 7 2 8
2 9 3 8 4 7 6 5 1
8 6 7 5 1 2 3 4 9
```

587

```
8 7 5 3 9 4 6 2 1
6 1 3 2 8 7 9 5 4
9 2 4 1 6 5 3 8 7
5 6 2 4 1 9 8 7 3
4 8 1 7 2 3 5 6 9
3 9 7 8 5 6 1 4 2
2 5 6 9 7 1 4 3 8
7 3 9 5 4 8 2 1 6
1 4 8 6 3 2 7 9 5
```

588

```
8 7 4 3 6 5 2 1 9
3 1 6 9 2 4 8 7 5
2 5 9 1 8 7 3 6 4
9 6 5 7 1 8 4 2 3
1 8 7 2 4 3 9 5 6
4 3 2 5 9 6 7 8 1
7 9 1 6 3 2 5 4 8
6 2 8 4 5 9 1 3 7
5 4 3 8 7 1 6 9 2
```

589

1	9	6	2	7	8	4	3	5
7	4	3	6	1	5	2	8	9
5	8	2	4	9	3	1	7	6
4	7	8	3	6	2	9	5	1
2	3	1	5	4	9	7	6	8
9	6	5	7	8	1	3	4	2
6	5	7	1	2	4	8	9	3
3	2	9	8	5	7	6	1	4
8	1	4	9	3	6	5	2	7

590

2	6	3	7	4	5	8	1	9
1	5	9	3	8	6	2	7	4
4	8	7	1	2	9	3	5	6
9	1	4	6	7	8	5	2	3
3	7	8	9	5	2	4	6	1
6	2	5	4	3	1	7	9	8
5	9	2	8	6	3	1	4	7
8	4	6	5	1	7	9	3	2
7	3	1	2	9	4	6	8	5

591

7	1	2	5	6	4	8	3	9
5	8	4	1	9	3	6	7	2
3	6	9	8	7	2	1	5	4
2	4	5	6	1	8	7	9	3
8	3	1	9	2	7	4	6	5
6	9	7	3	4	5	2	1	8
4	5	6	2	3	1	9	8	7
9	2	8	7	5	6	3	4	1
1	7	3	4	8	9	5	2	6

592

2	4	1	9	8	5	6	3	7
9	7	5	4	3	6	2	1	8
6	3	8	7	1	2	4	9	5
1	8	2	6	4	7	9	5	3
3	9	4	8	5	1	7	6	2
7	5	6	2	9	3	1	8	4
8	2	3	1	6	4	5	7	9
5	6	7	3	2	9	8	4	1
4	1	9	5	7	8	3	2	6

593

8	6	2	1	9	4	5	7	3
5	4	3	6	8	7	2	9	1
7	1	9	2	3	5	8	4	6
6	2	5	7	1	3	4	8	9
1	3	8	4	5	9	6	2	7
9	7	4	8	2	6	3	1	5
3	8	7	5	4	1	9	6	2
2	9	1	3	6	8	7	5	4
4	5	6	9	7	2	1	3	8

594

1	7	5	4	2	9	3	8	6
9	3	6	5	8	1	4	2	7
4	8	2	7	6	3	5	1	9
6	9	1	3	5	8	7	4	2
7	2	3	1	4	6	8	9	5
8	5	4	2	9	7	6	3	1
3	1	8	6	7	2	9	5	4
2	4	7	9	3	5	1	6	8
5	6	9	8	1	4	2	7	3

595

4	1	3	2	6	8	9	5	7
2	7	8	5	9	4	6	3	1
9	6	5	1	3	7	2	8	4
7	4	1	6	5	2	3	9	8
6	8	9	7	1	3	5	4	2
5	3	2	4	8	9	7	1	6
3	9	6	8	2	1	4	7	5
1	2	4	9	7	5	8	6	3
8	5	7	3	4	6	1	2	9

596

1	8	9	7	3	6	2	5	4
7	4	6	9	5	2	8	1	3
3	2	5	4	8	1	6	9	7
5	1	3	2	7	9	4	8	6
6	7	8	5	1	4	3	2	9
2	9	4	8	6	3	5	7	1
8	3	2	1	4	7	9	6	5
9	6	7	3	2	5	1	4	8
4	5	1	6	9	8	7	3	2

597

6	3	9	2	4	7	1	8	5
2	8	5	6	1	9	4	7	3
7	4	1	5	3	8	6	9	2
4	1	8	3	9	5	2	6	7
3	6	7	4	8	2	5	1	9
5	9	2	7	6	1	8	3	4
9	2	3	1	5	6	7	4	8
1	7	4	8	2	3	9	5	6
8	5	6	9	7	4	3	2	1

598

7	3	9	2	5	6	1	8	4
8	1	6	9	4	7	3	2	5
5	4	2	8	3	1	7	9	6
2	7	1	3	6	5	9	4	8
6	9	5	4	7	8	2	1	3
3	8	4	1	9	2	5	6	7
1	6	8	7	2	3	4	5	9
4	2	7	5	8	9	6	3	1
9	5	3	6	1	4	8	7	2

599

8	4	6	3	9	2	5	1	7
7	9	2	1	6	5	8	3	4
3	1	5	7	4	8	9	6	2
5	8	9	4	7	3	1	2	6
1	3	7	8	2	6	4	5	9
2	6	4	5	1	9	3	7	8
6	5	1	9	8	7	2	4	3
9	7	3	2	5	4	6	8	1
4	2	8	6	3	1	7	9	5

600

9	4	3	5	2	8	6	1	7
5	8	1	7	6	3	9	2	4
6	2	7	9	4	1	8	3	5
4	7	9	8	1	5	2	6	3
3	6	2	4	7	9	1	5	8
8	1	5	2	3	6	7	4	9
1	5	4	6	8	7	3	9	2
7	9	6	3	5	2	4	8	1
2	3	8	1	9	4	5	7	6

601

6	1	8	3	9	5	4	2	7
7	3	2	4	1	6	8	5	9
5	4	9	8	2	7	1	3	6
9	8	3	2	5	4	7	6	1
1	5	7	6	3	9	2	8	4
2	6	4	7	8	1	3	9	5
3	9	6	1	7	2	5	4	8
4	2	1	5	6	8	9	7	3
8	7	5	9	4	3	6	1	2

602

1	4	5	3	8	7	9	6	2
6	7	9	5	4	2	8	1	3
2	8	3	9	6	1	7	5	4
3	6	7	4	2	9	1	8	5
9	2	1	7	5	8	3	4	6
8	5	4	6	1	3	2	7	9
5	1	8	2	3	6	4	9	7
7	3	6	1	9	4	5	2	8
4	9	2	8	7	5	6	3	1

603

1	8	7	4	9	6	5	3	2
9	2	3	7	5	8	1	4	6
6	4	5	1	2	3	8	7	9
8	7	4	9	6	1	3	2	5
5	9	2	3	7	4	6	8	1
3	1	6	2	8	5	7	9	4
7	5	8	6	4	9	2	1	3
4	6	1	8	3	2	9	5	7
2	3	9	5	1	7	4	6	8

604

3	9	6	4	5	8	2	1	7
1	2	4	7	3	6	8	9	5
5	8	7	9	1	2	4	3	6
7	5	3	6	2	9	1	8	4
9	1	8	5	7	4	3	6	2
6	4	2	3	8	1	7	5	9
4	7	5	8	6	3	9	2	1
8	6	1	2	9	7	5	4	3
2	3	9	1	4	5	6	7	8

605

3	5	4	9	1	7	6	8	2
6	7	8	3	2	5	4	1	9
2	9	1	6	8	4	3	7	5
5	8	2	4	6	3	1	9	7
4	3	9	2	7	1	5	6	8
1	6	7	5	9	8	2	3	4
8	1	3	7	4	2	9	5	6
9	2	5	8	3	6	7	4	1
7	4	6	1	5	9	8	2	3

606

5	7	3	4	1	6	9	2	8
2	1	6	9	8	5	4	3	7
9	8	4	3	2	7	6	5	1
4	9	8	1	7	3	5	6	2
3	5	2	8	6	9	1	7	4
7	6	1	2	5	4	8	9	3
6	3	9	7	4	1	2	8	5
8	4	7	5	9	2	3	1	6
1	2	5	6	3	8	7	4	9

607

8	2	7	1	9	3	5	4	6
5	4	6	8	2	7	9	3	1
9	3	1	5	6	4	7	2	8
3	6	5	9	1	8	2	7	4
4	9	8	7	3	2	1	6	5
7	1	2	6	4	5	3	8	9
2	8	3	4	5	9	6	1	7
6	7	9	2	8	1	4	5	3
1	5	4	3	7	6	8	9	2

608

6	9	4	1	3	8	2	7	5
5	1	3	7	2	4	6	8	9
2	8	7	6	9	5	4	3	1
9	6	5	4	7	3	8	1	2
3	7	1	9	8	2	5	4	6
8	4	2	5	6	1	3	9	7
4	2	6	8	1	9	7	5	3
1	3	8	2	5	7	9	6	4
7	5	9	3	4	6	1	2	8

609

6	2	7	4	5	8	9	3	1
8	3	1	6	7	9	4	5	2
5	9	4	3	2	1	8	6	7
2	1	8	7	3	5	6	4	9
7	4	5	8	9	6	1	2	3
9	6	3	1	4	2	5	7	8
3	5	9	2	1	4	7	8	6
1	8	2	5	6	7	3	9	4
4	7	6	9	8	3	2	1	5

610

9	1	7	6	3	5	8	4	2
2	5	6	4	1	8	7	9	3
8	3	4	2	9	7	5	6	1
3	7	9	1	2	4	6	5	8
4	2	8	3	5	6	1	7	9
5	6	1	8	7	9	2	3	4
1	9	3	5	6	2	4	8	7
7	4	5	9	8	1	3	2	6
6	8	2	7	4	3	9	1	5

611

6	5	1	2	4	3	9	7	8
3	8	9	7	6	5	2	4	1
2	7	4	9	1	8	3	6	5
5	4	6	3	2	1	7	8	9
7	1	8	6	5	9	4	3	2
9	2	3	8	7	4	5	1	6
1	3	7	5	8	2	6	9	4
8	9	5	4	3	6	1	2	7
4	6	2	1	9	7	8	5	3

612

2	6	7	1	3	5	9	4	8
8	1	3	9	2	4	5	6	7
4	5	9	8	7	6	3	1	2
6	7	5	3	4	9	2	8	1
1	2	8	6	5	7	4	9	3
9	3	4	2	8	1	7	5	6
5	8	1	7	9	2	6	3	4
7	4	6	5	1	3	8	2	9
3	9	2	4	6	8	1	7	5

613

3	1	7	4	5	6	9	2	8
9	6	8	2	3	1	5	7	4
5	4	2	8	7	9	3	6	1
6	2	9	5	1	3	4	8	7
4	7	3	9	6	8	1	5	2
8	5	1	7	4	2	6	3	9
1	8	5	3	2	4	7	9	6
2	3	6	1	9	7	8	4	5
7	9	4	6	8	5	2	1	3

614

2	9	4	7	1	8	3	6	5
8	1	7	5	6	3	9	2	4
3	5	6	2	4	9	7	8	1
4	7	8	6	9	1	5	3	2
5	6	3	8	7	2	1	4	9
9	2	1	3	5	4	6	7	8
1	8	2	9	3	6	4	5	7
6	4	5	1	2	7	8	9	3
7	3	9	4	8	5	2	1	6

615

5	8	1	4	9	2	3	7	6
7	2	4	6	1	3	5	9	8
9	6	3	8	5	7	4	1	2
3	1	2	5	7	9	8	6	4
4	7	5	3	6	8	1	2	9
6	9	8	1	2	4	7	3	5
2	3	7	9	4	5	6	8	1
8	5	6	2	3	1	9	4	7
1	4	9	7	8	6	2	5	3

616

5	4	8	7	2	6	1	9	3
6	7	3	9	1	5	2	8	4
1	2	9	3	4	8	6	7	5
8	3	6	2	7	9	4	5	1
7	1	4	8	5	3	9	6	2
9	5	2	1	6	4	8	3	7
3	9	7	4	8	2	5	1	6
4	8	5	6	3	1	7	2	9
2	6	1	5	9	7	3	4	8

617

7	8	9	6	3	4	2	5	1
1	5	4	2	7	8	3	6	9
2	3	6	9	1	5	4	8	7
3	7	1	4	5	2	6	9	8
9	6	2	3	8	7	5	1	4
5	4	8	1	6	9	7	2	3
4	1	7	5	9	6	8	3	2
6	2	3	8	4	1	9	7	5
8	9	5	7	2	3	1	4	6

618

9	4	8	3	7	6	1	2	5
7	2	5	9	1	8	6	4	3
6	3	1	2	4	5	7	8	9
3	5	2	4	8	7	9	6	1
1	9	4	6	2	3	5	7	8
8	6	7	1	5	9	4	3	2
5	7	9	8	3	4	2	1	6
4	1	3	5	6	2	8	9	7
2	8	6	7	9	1	3	5	4

619

8	3	5	9	4	2	6	7	1
7	4	6	3	1	8	5	2	9
1	2	9	6	7	5	8	3	4
6	5	8	4	2	9	7	1	3
4	1	2	7	8	3	9	6	5
3	9	7	1	5	6	4	8	2
5	8	3	2	9	7	1	4	6
2	7	4	5	6	1	3	9	8
9	6	1	8	3	4	2	5	7

620

8	6	2	9	3	7	5	1	4
9	1	3	5	8	4	6	7	2
7	4	5	2	6	1	8	3	9
5	7	4	3	9	2	1	8	6
2	3	9	6	1	8	7	4	5
6	8	1	7	4	5	9	2	3
4	9	6	1	7	3	2	5	8
1	5	8	4	2	6	3	9	7
3	2	7	8	5	9	4	6	1

621

8	3	1	6	2	5	4	9	7
4	6	7	1	3	9	2	8	5
5	2	9	7	4	8	1	6	3
3	7	2	5	8	1	6	4	9
6	1	8	4	9	3	7	5	2
9	5	4	2	6	7	8	3	1
2	8	5	3	7	6	9	1	4
7	9	3	8	1	4	5	2	6
1	4	6	9	5	2	3	7	8

622

3	5	4	1	7	6	9	8	2
8	7	6	3	9	2	4	5	1
2	1	9	5	4	8	6	3	7
6	8	3	9	2	1	7	4	5
1	4	7	8	3	5	2	6	9
5	9	2	4	6	7	3	1	8
7	2	5	6	1	4	8	9	3
9	6	8	2	5	3	1	7	4
4	3	1	7	8	9	5	2	6

623

2	6	8	3	7	1	9	5	4
4	7	9	2	5	8	3	6	1
1	3	5	4	6	9	7	2	8
7	9	3	8	2	4	6	1	5
5	1	4	7	9	6	8	3	2
8	2	6	1	3	5	4	9	7
3	5	1	6	4	7	2	8	9
9	4	2	5	8	3	1	7	6
6	8	7	9	1	2	5	4	3

624

3	6	2	8	9	7	1	4	5
5	4	9	1	2	3	8	6	7
7	1	8	6	4	5	9	3	2
1	3	4	7	8	9	5	2	6
2	9	7	4	5	6	3	1	8
8	5	6	2	3	1	7	9	4
9	7	3	5	6	2	4	8	1
6	8	1	3	7	4	2	5	9
4	2	5	9	1	8	6	7	3

625

4	5	7	1	2	9	6	8	3
1	6	8	3	5	7	9	2	4
2	3	9	4	8	6	5	7	1
6	1	2	5	9	3	8	4	7
9	7	4	2	6	8	1	3	5
3	8	5	7	1	4	2	9	6
5	4	6	9	3	2	7	1	8
8	2	3	6	7	1	4	5	9
7	9	1	8	4	5	3	6	2

626

1	9	2	5	6	3	8	4	7
4	6	8	7	2	1	9	3	5
5	7	3	8	4	9	2	6	1
3	8	1	2	7	6	5	9	4
7	5	9	1	8	4	3	2	6
6	2	4	9	3	5	7	1	8
8	3	6	4	9	7	1	5	2
2	4	5	3	1	8	6	7	9
9	1	7	6	5	2	4	8	3

627

1	4	7	2	8	6	3	9	5
6	3	2	5	7	9	1	8	4
5	8	9	1	4	3	2	7	6
9	5	1	6	2	8	7	4	3
7	2	4	9	3	5	6	1	8
8	6	3	4	1	7	9	5	2
4	9	8	3	6	1	5	2	7
2	1	6	7	5	4	8	3	9
3	7	5	8	9	2	4	6	1

628

9	8	1	6	5	3	2	7	4
6	7	3	2	9	4	1	8	5
4	5	2	8	1	7	3	6	9
7	9	6	5	4	1	8	3	2
1	2	4	3	8	9	6	5	7
5	3	8	7	2	6	4	9	1
3	1	9	4	7	8	5	2	6
2	6	7	1	3	5	9	4	8
8	4	5	9	6	2	7	1	3

629

1	6	8	9	2	7	5	4	3
3	5	2	1	4	6	8	7	9
7	9	4	5	8	3	6	2	1
4	1	3	8	6	9	7	5	2
6	2	9	3	7	5	1	8	4
5	8	7	2	1	4	9	3	6
8	7	6	4	3	1	2	9	5
2	4	5	6	9	8	3	1	7
9	3	1	7	5	2	4	6	8

630

1	5	6	7	4	9	3	2	8
9	4	7	2	3	8	6	1	5
3	8	2	6	1	5	4	9	7
6	7	5	9	2	3	1	8	4
4	3	1	8	7	6	2	5	9
2	9	8	4	5	1	7	3	6
5	6	3	1	9	7	8	4	2
7	1	4	5	8	2	9	6	3
8	2	9	3	6	4	5	7	1

631

5	4	3	2	1	8	7	6	9
9	8	1	5	6	7	4	2	3
7	2	6	9	4	3	5	8	1
4	6	7	3	2	5	1	9	8
8	3	9	4	7	1	6	5	2
2	1	5	6	8	9	3	4	7
3	5	4	1	9	2	8	7	6
6	9	8	7	3	4	2	1	5
1	7	2	8	5	6	9	3	4

632

4	3	6	7	5	2	8	1	9
5	9	7	1	4	8	2	6	3
2	8	1	9	6	3	7	5	4
3	1	8	5	9	6	4	7	2
7	2	9	3	1	4	5	8	6
6	4	5	2	8	7	3	9	1
8	6	3	4	7	1	9	2	5
1	5	2	8	3	9	6	4	7
9	7	4	6	2	5	1	3	8

633

1	2	8	3	9	4	7	5	6
3	4	9	5	6	7	8	1	2
6	7	5	8	2	1	9	3	4
9	5	1	6	4	8	3	2	7
8	3	4	2	7	9	5	6	1
7	6	2	1	3	5	4	9	8
2	8	6	4	5	3	1	7	9
4	9	3	7	1	2	6	8	5
5	1	7	9	8	6	2	4	3

634

6	1	5	9	8	2	3	7	4
9	3	7	1	6	4	8	5	2
8	2	4	7	3	5	9	1	6
3	5	6	4	2	1	7	8	9
7	9	1	8	5	6	2	4	3
4	8	2	3	7	9	1	6	5
2	7	9	6	4	8	5	3	1
5	6	3	2	1	7	4	9	8
1	4	8	5	9	3	6	2	7

635

8	5	6	1	2	3	7	9	4
7	1	3	8	9	4	6	2	5
2	4	9	5	6	7	8	3	1
1	2	7	4	3	5	9	6	8
4	6	5	9	7	8	3	1	2
3	9	8	2	1	6	5	4	7
6	8	4	3	5	2	1	7	9
9	7	2	6	8	1	4	5	3
5	3	1	7	4	9	2	8	6

636

3	6	4	9	8	7	2	1	5
8	5	2	6	1	3	7	4	9
1	7	9	4	2	5	3	6	8
6	8	1	7	5	2	4	9	3
4	9	7	1	3	6	5	8	2
2	3	5	8	4	9	6	7	1
9	2	8	3	7	4	1	5	6
7	1	3	5	6	8	9	2	4
5	4	6	2	9	1	8	3	7

637

6	4	7	3	8	5	9	2	1
5	3	2	9	7	1	8	6	4
9	8	1	2	6	4	3	5	7
4	1	6	7	5	3	2	8	9
8	2	9	1	4	6	5	7	3
7	5	3	8	9	2	1	4	6
3	7	5	6	1	8	4	9	2
2	6	8	4	3	9	7	1	5
1	9	4	5	2	7	6	3	8

638

7	5	4	1	9	6	8	3	2
9	3	2	5	8	7	4	1	6
8	6	1	2	3	4	7	5	9
1	7	9	6	4	3	2	8	5
3	8	5	7	2	9	6	4	1
4	2	6	8	5	1	9	7	3
6	9	8	3	7	5	1	2	4
5	4	7	9	1	2	3	6	8
2	1	3	4	6	8	5	9	7

639

3	5	7	1	9	2	8	4	6
8	6	1	3	7	4	2	9	5
4	2	9	8	6	5	7	3	1
2	7	4	5	1	6	9	8	3
6	3	5	9	8	7	1	2	4
9	1	8	4	2	3	6	5	7
5	9	6	2	4	1	3	7	8
7	8	3	6	5	9	4	1	2
1	4	2	7	3	8	5	6	9

640

8	1	4	3	2	5	6	9	7
5	7	3	6	8	9	4	1	2
6	9	2	1	7	4	8	5	3
2	4	9	7	3	6	1	8	5
1	3	5	2	4	8	9	7	6
7	6	8	9	5	1	3	2	4
3	8	6	5	9	2	7	4	1
9	2	7	4	1	3	5	6	8
4	5	1	8	6	7	2	3	9

641

8	3	1	2	5	7	4	6	9
2	5	7	4	9	6	3	1	8
9	4	6	1	8	3	5	7	2
6	9	3	7	4	5	8	2	1
7	1	4	8	6	2	9	5	3
5	2	8	9	3	1	7	4	6
3	8	5	6	2	4	1	9	7
1	6	9	5	7	8	2	3	4
4	7	2	3	1	9	6	8	5

642

8	7	1	4	9	2	6	3	5
5	4	9	6	3	8	1	7	2
3	2	6	7	1	5	4	9	8
7	3	4	5	2	9	8	6	1
6	1	8	3	7	4	5	2	9
9	5	2	8	6	1	3	4	7
4	6	5	9	8	7	2	1	3
1	8	7	2	4	3	9	5	6
2	9	3	1	5	6	7	8	4

643

5	7	1	6	3	4	9	2	8
4	8	3	9	2	1	6	7	5
2	6	9	7	8	5	3	1	4
1	3	4	2	7	8	5	6	9
9	2	6	4	5	3	1	8	7
7	5	8	1	6	9	4	3	2
3	1	5	8	9	2	7	4	6
8	9	7	3	4	6	2	5	1
6	4	2	5	1	7	8	9	3

644

3	8	6	1	2	5	4	7	9
7	1	5	9	3	4	2	8	6
2	4	9	6	8	7	1	5	3
9	5	3	7	4	6	8	1	2
6	7	8	2	9	1	3	4	5
4	2	1	3	5	8	9	6	7
8	9	4	5	6	2	7	3	1
1	6	2	8	7	3	5	9	4
5	3	7	4	1	9	6	2	8

645

6	7	1	8	5	3	2	4	9
5	8	9	2	4	6	1	7	3
3	2	4	7	1	9	8	5	6
7	1	2	6	9	5	3	8	4
9	5	8	4	3	7	6	1	2
4	6	3	1	2	8	7	9	5
8	4	5	3	7	2	9	6	1
2	9	7	5	6	1	4	3	8
1	3	6	9	8	4	5	2	7

646

8	1	6	2	9	7	5	4	3
3	9	4	8	6	5	1	2	7
7	5	2	4	1	3	8	9	6
4	2	5	9	7	8	3	6	1
1	7	8	3	4	6	9	5	2
6	3	9	5	2	1	7	8	4
9	8	7	6	3	4	2	1	5
2	4	1	7	5	9	6	3	8
5	6	3	1	8	2	4	7	9

647

9	8	4	7	2	5	3	6	1
1	7	2	9	3	6	5	4	8
6	3	5	8	4	1	9	7	2
7	6	1	5	9	2	4	8	3
2	5	8	3	7	4	6	1	9
3	4	9	6	1	8	2	5	7
5	9	6	2	8	7	1	3	4
8	1	3	4	6	9	7	2	5
4	2	7	1	5	3	8	9	6

648

6	7	4	8	9	5	3	2	1
2	8	5	3	7	1	6	9	4
3	1	9	4	6	2	8	5	7
5	2	6	1	8	7	4	3	9
7	9	3	2	4	6	1	8	5
8	4	1	5	3	9	7	6	2
1	6	7	9	5	8	2	4	3
9	3	8	7	2	4	5	1	6
4	5	2	6	1	3	9	7	8

649

8	3	6	2	5	9	4	1	7
1	2	5	7	4	8	9	6	3
7	4	9	3	1	6	5	8	2
2	7	1	5	6	3	8	4	9
6	8	4	9	2	7	1	3	5
9	5	3	1	8	4	7	2	6
3	9	2	8	7	1	6	5	4
5	6	8	4	9	2	3	7	1
4	1	7	6	3	5	2	9	8

650

8	6	9	1	5	4	2	7	3
2	4	3	7	9	6	5	1	8
7	1	5	8	3	2	9	6	4
6	2	7	4	8	9	3	5	1
3	5	1	2	6	7	4	8	9
4	9	8	3	1	5	6	2	7
1	7	6	5	4	3	8	9	2
5	8	4	9	2	1	7	3	6
9	3	2	6	7	8	1	4	5

651

9	3	1	4	2	7	8	5	6
6	4	2	5	3	8	1	7	9
7	8	5	9	6	1	4	3	2
4	2	8	1	9	5	3	6	7
1	5	7	3	8	6	9	2	4
3	9	6	2	7	4	5	1	8
8	6	4	7	5	3	2	9	1
5	7	9	8	1	2	6	4	3
2	1	3	6	4	9	7	8	5

652

3	5	8	1	2	4	9	6	7
6	1	2	7	5	9	8	3	4
7	4	9	3	6	8	1	2	5
5	7	4	6	8	1	3	9	2
8	2	1	4	9	3	7	5	6
9	3	6	5	7	2	4	1	8
1	6	7	9	4	5	2	8	3
4	8	3	2	1	6	5	7	9
2	9	5	8	3	7	6	4	1

653

7	3	4	6	1	9	8	2	5
6	5	8	7	2	4	9	3	1
1	9	2	3	5	8	7	6	4
3	1	5	9	6	7	2	4	8
8	2	9	1	4	3	6	5	7
4	7	6	5	8	2	3	1	9
9	6	7	4	3	5	1	8	2
5	8	3	2	9	1	4	7	6
2	4	1	8	7	6	5	9	3

654

3	2	4	8	5	1	7	6	9
8	6	9	2	7	4	3	1	5
7	5	1	9	6	3	4	2	8
6	4	8	3	1	2	9	5	7
5	9	7	6	4	8	1	3	2
1	3	2	7	9	5	8	4	6
9	8	3	4	2	6	5	7	1
2	7	5	1	3	9	6	8	4
4	1	6	5	8	7	2	9	3

655

2	7	1	3	5	9	4	8	6
6	3	8	2	1	4	7	5	9
5	4	9	7	6	8	3	1	2
3	5	2	9	8	6	1	7	4
9	8	4	1	7	2	6	3	5
1	6	7	4	3	5	2	9	8
8	2	3	5	4	7	9	6	1
7	9	6	8	2	1	5	4	3
4	1	5	6	9	3	8	2	7

656

3	9	1	4	6	8	2	5	7
5	2	4	7	9	3	6	8	1
6	8	7	2	1	5	3	4	9
4	3	8	9	5	7	1	6	2
9	5	2	1	4	6	8	7	3
1	7	6	3	8	2	4	9	5
2	6	3	8	7	9	5	1	4
8	4	9	5	2	1	7	3	6
7	1	5	6	3	4	9	2	8

657

7	1	6	8	9	4	3	5	2
2	4	5	6	7	3	8	9	1
8	3	9	2	1	5	7	6	4
5	7	4	1	6	2	9	3	8
3	9	1	5	8	7	4	2	6
6	2	8	4	3	9	1	7	5
4	5	3	7	2	8	6	1	9
1	8	7	9	5	6	2	4	3
9	6	2	3	4	1	5	8	7

658

4	9	6	3	8	7	5	1	2
1	2	3	9	5	6	8	4	7
8	7	5	2	1	4	3	9	6
5	6	4	1	9	3	2	7	8
9	8	7	6	4	2	1	3	5
3	1	2	8	7	5	4	6	9
6	5	1	4	2	9	7	8	3
2	4	9	7	3	8	6	5	1
7	3	8	5	6	1	9	2	4

659

5	8	1	3	4	7	2	6	9
6	3	9	5	2	1	8	4	7
2	4	7	9	6	8	5	1	3
7	1	2	4	5	9	6	3	8
8	5	3	7	1	6	4	9	2
9	6	4	2	8	3	1	7	5
4	9	5	1	7	2	3	8	6
1	7	8	6	3	5	9	2	4
3	2	6	8	9	4	7	5	1

660

6	2	5	3	1	9	4	8	7
3	9	8	4	7	2	1	6	5
7	4	1	6	8	5	2	3	9
2	5	6	9	4	7	3	1	8
4	8	7	5	3	1	9	2	6
9	1	3	2	6	8	5	7	4
8	3	4	1	5	6	7	9	2
5	7	2	8	9	3	6	4	1
1	6	9	7	2	4	8	5	3

661

4	7	1	2	9	3	5	8	6
2	3	6	4	8	5	7	1	9
9	8	5	1	6	7	2	4	3
5	2	4	7	3	6	1	9	8
6	9	7	8	1	2	4	3	5
3	1	8	9	5	4	6	7	2
8	4	9	5	2	1	3	6	7
1	6	2	3	7	9	8	5	4
7	5	3	6	4	8	9	2	1

662

2	8	4	6	1	9	7	3	5
7	9	3	5	4	2	6	8	1
1	6	5	7	3	8	9	4	2
3	5	8	2	9	4	1	6	7
9	4	1	3	7	6	5	2	8
6	2	7	8	5	1	3	9	4
8	3	9	1	2	5	4	7	6
5	7	2	4	6	3	8	1	9
4	1	6	9	8	7	2	5	3

663

4	3	6	7	8	1	9	5	2
1	5	2	4	9	3	6	7	8
9	7	8	5	2	6	1	3	4
8	9	7	6	3	2	4	1	5
6	4	3	1	7	5	2	8	9
5	2	1	9	4	8	7	6	3
2	8	4	3	6	7	5	9	1
7	1	9	8	5	4	3	2	6
3	6	5	2	1	9	8	4	7

664

3	9	6	7	5	1	2	4	8
1	7	4	6	2	8	9	5	3
8	2	5	9	4	3	1	7	6
4	6	2	3	1	7	5	8	9
7	8	9	5	6	4	3	2	1
5	1	3	8	9	2	4	6	7
6	5	7	4	3	9	8	1	2
2	3	8	1	7	5	6	9	4
9	4	1	2	8	6	7	3	5

665

9	1	3	7	6	8	4	5	2
6	5	4	2	1	9	8	3	7
2	7	8	4	5	3	6	1	9
7	8	5	1	4	2	9	6	3
3	6	1	9	8	7	5	2	4
4	9	2	6	3	5	1	7	8
5	2	9	8	7	6	3	4	1
8	4	6	3	2	1	7	9	5
1	3	7	5	9	4	2	8	6

666

8	9	3	7	2	6	5	4	1
4	5	7	3	1	8	9	2	6
6	2	1	9	5	4	7	3	8
2	1	4	6	3	5	8	7	9
9	7	5	4	8	2	1	6	3
3	6	8	1	7	9	2	5	4
1	3	6	5	9	7	4	8	2
7	8	9	2	4	3	6	1	5
5	4	2	8	6	1	3	9	7

667

6	7	4	2	3	5	1	9	8
3	5	8	9	1	7	4	6	2
1	2	9	8	6	4	5	7	3
2	4	1	7	5	3	9	8	6
7	8	5	6	4	9	2	3	1
9	6	3	1	2	8	7	4	5
5	3	2	4	9	6	8	1	7
8	9	6	5	7	1	3	2	4
4	1	7	3	8	2	6	5	9

668

9	8	3	6	2	7	1	4	5
6	7	4	3	1	5	2	9	8
1	5	2	8	9	4	6	3	7
5	9	6	2	4	1	7	8	3
8	4	7	5	3	6	9	1	2
3	2	1	7	8	9	5	6	4
7	6	9	4	5	8	3	2	1
2	1	8	9	7	3	4	5	6
4	3	5	1	6	2	8	7	9

669

9	4	5	8	2	6	3	7	1
8	3	1	9	7	5	2	4	6
2	6	7	3	4	1	5	8	9
7	8	9	5	1	4	6	2	3
4	5	6	2	9	3	7	1	8
1	2	3	6	8	7	9	5	4
5	9	2	1	3	8	4	6	7
6	7	8	4	5	9	1	3	2
3	1	4	7	6	2	8	9	5

670

3	7	2	4	6	5	8	1	9
5	1	4	3	9	8	6	2	7
9	8	6	7	1	2	5	3	4
6	4	3	9	8	1	2	7	5
2	9	1	5	3	7	4	8	6
7	5	8	6	2	4	3	9	1
4	6	9	2	7	3	1	5	8
1	3	5	8	4	9	7	6	2
8	2	7	1	5	6	9	4	3

671

4	5	3	8	7	6	2	9	1
9	6	1	4	2	3	8	5	7
7	8	2	5	1	9	4	3	6
3	4	8	6	5	2	7	1	9
1	9	6	7	3	4	5	2	8
5	2	7	9	8	1	6	4	3
6	3	4	2	9	7	1	8	5
2	1	5	3	6	8	9	7	4
8	7	9	1	4	5	3	6	2

672

9	2	4	8	6	7	3	1	5
5	7	8	1	4	3	2	6	9
6	3	1	5	9	2	4	8	7
3	1	2	9	7	6	8	5	4
4	6	7	2	8	5	9	3	1
8	5	9	4	3	1	6	7	2
2	4	5	6	1	8	7	9	3
1	8	3	7	2	9	5	4	6
7	9	6	3	5	4	1	2	8

673

8	1	2	7	6	3	9	5	4
5	3	9	4	2	8	1	6	7
4	7	6	9	5	1	2	8	3
1	9	8	5	7	2	3	4	6
7	6	5	3	9	4	8	1	2
3	2	4	8	1	6	7	9	5
6	5	3	2	8	9	4	7	1
9	4	7	1	3	5	6	2	8
2	8	1	6	4	7	5	3	9

674

1	7	3	6	5	9	2	8	4
5	6	4	7	8	2	3	9	1
2	9	8	1	3	4	6	5	7
7	3	2	8	4	1	9	6	5
8	1	9	5	2	6	4	7	3
4	5	6	3	9	7	8	1	2
6	8	1	4	7	3	5	2	9
3	2	7	9	6	5	1	4	8
9	4	5	2	1	8	7	3	6

675

3	9	8	7	5	2	4	1	6
4	6	5	3	1	8	7	9	2
2	1	7	9	4	6	3	5	8
1	8	3	2	7	5	9	6	4
7	2	9	8	6	4	1	3	5
5	4	6	1	3	9	8	2	7
9	5	4	6	8	1	2	7	3
6	7	1	4	2	3	5	8	9
8	3	2	5	9	7	6	4	1

676

2	6	4	9	7	5	3	1	8
3	5	9	8	2	1	4	6	7
7	1	8	3	6	4	9	5	2
6	7	3	2	1	9	5	8	4
9	4	5	6	8	7	2	3	1
8	2	1	5	4	3	7	9	6
5	8	7	1	9	2	6	4	3
4	3	6	7	5	8	1	2	9
1	9	2	4	3	6	8	7	5

677

7	8	9	1	5	6	3	4	2
2	5	4	8	9	3	7	6	1
1	6	3	7	2	4	5	8	9
9	2	5	3	1	8	4	7	6
6	3	1	9	4	7	2	5	8
8	4	7	5	6	2	9	1	3
3	1	2	6	7	5	8	9	4
4	7	6	2	8	9	1	3	5
5	9	8	4	3	1	6	2	7

678

7	5	6	3	4	2	8	1	9
9	3	4	1	7	8	2	6	5
1	2	8	9	6	5	7	4	3
4	1	2	5	9	7	6	3	8
3	6	7	8	1	4	5	9	2
8	9	5	2	3	6	4	7	1
6	8	9	4	5	1	3	2	7
2	4	3	7	8	9	1	5	6
5	7	1	6	2	3	9	8	4

679

6	1	7	3	4	2	9	5	8
8	4	2	9	7	5	6	1	3
5	9	3	8	6	1	7	2	4
3	8	1	2	9	6	4	7	5
4	7	9	5	1	3	8	6	2
2	6	5	4	8	7	1	3	9
7	3	4	1	2	8	5	9	6
9	5	6	7	3	4	2	8	1
1	2	8	6	5	9	3	4	7

680

6	9	1	5	3	7	8	2	4
4	7	3	8	9	2	6	5	1
8	5	2	4	6	1	7	3	9
3	4	6	9	1	8	5	7	2
2	8	9	6	7	5	4	1	3
5	1	7	3	2	4	9	8	6
7	2	8	1	4	6	3	9	5
1	3	4	7	5	9	2	6	8
9	6	5	2	8	3	1	4	7

681

2	7	1	9	4	3	5	6	8
4	9	6	8	5	7	2	1	3
8	3	5	6	2	1	4	9	7
9	8	3	1	7	2	6	5	4
6	2	4	5	3	8	1	7	9
1	5	7	4	6	9	8	3	2
3	1	9	2	8	5	7	4	6
7	4	2	3	1	6	9	8	5
5	6	8	7	9	4	3	2	1

682

7	8	1	6	3	2	5	9	4
4	6	3	1	9	5	2	7	8
2	5	9	4	7	8	3	6	1
9	3	5	2	1	7	4	8	6
1	2	6	3	8	4	7	5	9
8	4	7	5	6	9	1	3	2
5	7	2	9	4	6	8	1	3
3	9	8	7	2	1	6	4	5
6	1	4	8	5	3	9	2	7

683

4	7	3	1	8	2	6	9	5
6	1	8	9	5	4	2	7	3
2	5	9	7	3	6	4	1	8
3	4	6	2	1	5	9	8	7
9	8	1	3	6	7	5	2	4
5	2	7	8	4	9	1	3	6
8	3	5	6	9	1	7	4	2
7	9	4	5	2	3	8	6	1
1	6	2	4	7	8	3	5	9

684

6	2	9	4	7	3	5	1	8
5	1	4	8	9	2	7	3	6
8	3	7	6	1	5	2	9	4
3	6	2	7	8	9	1	4	5
1	4	5	3	2	6	9	8	7
7	9	8	1	5	4	6	2	3
2	7	1	5	3	8	4	6	9
9	8	6	2	4	7	3	5	1
4	5	3	9	6	1	8	7	2

685

7	5	2	1	3	6	8	4	9
9	3	8	2	4	7	1	6	5
1	6	4	8	5	9	7	3	2
2	7	3	6	1	4	9	5	8
8	4	5	7	9	3	6	2	1
6	9	1	5	2	8	4	7	3
3	1	6	9	7	5	2	8	4
5	2	7	4	8	1	3	9	6
4	8	9	3	6	2	5	1	7

686

3	7	9	2	4	8	5	6	1
4	8	6	5	1	3	9	2	7
2	5	1	6	9	7	3	8	4
1	4	8	7	3	9	2	5	6
7	2	3	8	5	6	4	1	9
6	9	5	4	2	1	8	7	3
8	3	7	9	6	2	1	4	5
9	6	4	1	8	5	7	3	2
5	1	2	3	7	4	6	9	8

687

8	6	5	9	2	4	3	7	1
3	7	9	5	1	6	4	8	2
4	1	2	7	8	3	6	5	9
5	4	8	1	7	2	9	3	6
2	3	7	6	4	9	8	1	5
1	9	6	8	3	5	2	4	7
6	8	1	4	9	7	5	2	3
7	5	3	2	6	8	1	9	4
9	2	4	3	5	1	7	6	8

688

7	8	2	3	5	4	6	1	9
6	1	4	2	9	7	8	5	3
3	9	5	1	8	6	7	4	2
8	5	3	4	6	9	1	2	7
9	2	7	5	1	8	3	6	4
4	6	1	7	2	3	9	8	5
2	4	6	9	3	1	5	7	8
5	3	8	6	7	2	4	9	1
1	7	9	8	4	5	2	3	6

689

4	3	7	9	8	2	1	6	5
8	5	6	7	1	3	9	2	4
9	2	1	6	5	4	8	7	3
5	8	2	1	3	9	7	4	6
7	4	3	2	6	8	5	1	9
1	6	9	5	4	7	3	8	2
3	7	4	8	2	5	6	9	1
6	9	5	4	7	1	2	3	8
2	1	8	3	9	6	4	5	7

690

2	3	1	8	9	7	6	4	5
7	6	4	3	2	5	8	9	1
9	8	5	4	6	1	3	7	2
1	5	6	9	3	2	7	8	4
8	4	7	1	5	6	2	3	9
3	2	9	7	8	4	5	1	6
6	7	3	2	1	9	4	5	8
4	1	2	5	7	8	9	6	3
5	9	8	6	4	3	1	2	7

691

5	8	1	2	4	9	7	6	3
4	3	6	5	7	1	8	9	2
7	2	9	6	8	3	5	1	4
1	6	7	8	3	5	2	4	9
8	5	2	9	1	4	3	7	6
3	9	4	7	6	2	1	5	8
2	7	5	3	9	6	4	8	1
6	4	3	1	5	8	9	2	7
9	1	8	4	2	7	6	3	5

692

9	8	4	2	3	1	7	6	5
6	5	2	8	4	7	3	1	9
3	7	1	5	9	6	8	2	4
7	4	3	1	2	8	9	5	6
1	2	8	6	5	9	4	7	3
5	9	6	4	7	3	1	8	2
2	6	7	9	1	4	5	3	8
8	3	9	7	6	5	2	4	1
4	1	5	3	8	2	6	9	7

693

3	5	6	8	4	2	1	7	9
8	2	1	7	3	9	5	6	4
7	9	4	1	5	6	3	8	2
5	8	2	6	7	4	9	1	3
4	7	3	5	9	1	8	2	6
6	1	9	2	8	3	7	4	5
9	4	8	3	2	7	6	5	1
2	6	7	9	1	5	4	3	8
1	3	5	4	6	8	2	9	7

694

6	8	1	4	2	7	9	3	5
5	9	4	6	3	8	1	2	7
2	7	3	5	9	1	4	6	8
7	5	2	9	1	6	8	4	3
8	1	6	7	4	3	2	5	9
4	3	9	2	8	5	6	7	1
9	6	5	8	7	2	3	1	4
1	4	7	3	6	9	5	8	2
3	2	8	1	5	4	7	9	6

695

4	2	9	1	7	3	8	6	5
7	6	1	8	5	4	2	9	3
8	3	5	2	9	6	7	1	4
9	8	6	3	4	2	1	5	7
5	4	3	9	1	7	6	2	8
2	1	7	6	8	5	3	4	9
6	5	2	7	3	9	4	8	1
1	7	4	5	6	8	9	3	2
3	9	8	4	2	1	5	7	6

696

1	5	6	2	9	8	7	4	3
9	7	2	3	4	5	1	8	6
3	8	4	1	6	7	9	2	5
5	4	9	8	7	6	3	1	2
2	6	3	4	1	9	5	7	8
7	1	8	5	2	3	6	9	4
6	3	1	9	8	2	4	5	7
4	2	7	6	5	1	8	3	9
8	9	5	7	3	4	2	6	1